Camill Henry

Der Roman einer hässlichen Frau

Novelle

Camill Henry

Der Roman einer hässlichen Frau
Novelle

ISBN/EAN: 9783743470576

Hergestellt in Europa, USA, Kanada, Australien, Japan

Cover: Foto ©ninafisch / pixelio.de

Weitere Bücher finden Sie auf **www.hansebooks.com**

Der

Roman einer hässlichen Frau.

Novelle

von

Camill Henry.

Die Brüder.

Novelle

von

Miss Pardon.

Leipzig.
J. A. Bergson-Sonenberg.

Sie war häßlich.

Ach ja wohl! Sie hatte das Unglück, welches so oft das Weib, das dadurch betrübt wird, daran verhindert, in ihren Ohren und in ihrem Herzen die unvergleichliche Melobie der Liebe zu vernehmen.

Sie war häßlich und hatte einen gewöhnlichen Familiennamen, einen Taufnamen, den man nicht schön finden wird. Sie hieß Matthäa.

Sie hatte ihre Mutter verloren, als sie noch ein kleines Kind war, und ihr Vater gab sie in Pension. Nicht in eines der Klöster, in welchem die Sprößlinge der Aristokratie und der hohen Finanzwelt erzogen werden, sondern in eine jener unbekannten Anstalten, in welchen in buntem Gemisch, im Schoße einer kleinen Provinzialstadt, die Tochter des Notars und niederen Beamten, die des Krämers oder des mit einigem Vermögen in den Privatstand zurückgetretenen Bedienten aufwachsen. Matthäa lernte hier stricken, rechnen, lesen und das Französische und das Italienische so leiblich schreiben.

Hatte sie in diesen beiden Sprachen einen guten Accent, eine genügende Aussprache, so war das sicher nicht die Schuld ihrer Lehrer, denn die guten Nonnen sprachen weder das Französische noch das Italienische aus, wie es sein sollte.

Ein guter Accent, eine angenehme Stimme, das war Alles, welches die Natur Matthäa verliehen hatte. Dabei war aber mit 16 Jahren ihre Haut gelb wie Leber, große runde Augen traten aus dem Kopf hervor und sagten, daß sie gut sei, sehr gut sogar, doch das war auch Alles; Hände, welche durch Frost entstellt waren, ein Fuß, den der grobe Schuh nicht breiter und flacher machen konnte, als er schon war, eine umfängliche Taille, kastanienbraune, kurze, widerspenstige Haare, die sich weder glatt kämmen, noch regelmäßig locken ließen, sträubten sich über ihre niedrige Stirn, die mit einer Narbe bezeichnet war.

Der Vater Matthäa's besuchte sie jeden Monat, denn er wohnte nicht in der Stadt, in welcher das Kloster lag. Er kam mit der Diligence des Morgens an und reiste mit der des Abends wieder ab. In dieser Zeit von vier Stunden aß er zunächst zu Mittag, besuchte dann seine Tochter und erhielt die Erlaubniß, sie in den Alleen spa= zieren zu führen, welche die kleine Stadt *** umgaben. Nachdem er sie vier oder fünf Mal nach allen Richtungen durchschritten hatte, setzte der ehrliche Mann sich auf eine Steinbank, nahm Matthäa neben sich, stützte seine beiden Hände auf den Elfenbeinknopf seines großen Stockes, sein Kinn auf seine beiden Hände und in dieser Stellung richtete er an seine Tochter, ohne sie dabei nur einmal anzusehen, einige oberflächliche Fragen über ihre Studien. Wenn er sich überzeugt hatte, daß in dem Geist Matthäa's keine Verwirrung bestand, daß drei Mal sechs und sechs Mal drei bei ihr ganz dasselbe Resultat herbeiführten, und daß sie bestimmt wußte, es sei Esau gewesen und nicht Jakob, der sein Erstgeburtsrecht für ein Gericht Linsen abtrat, blinzelte der gute Mann mit den Augen, machte eine Be=

wegung der Befriedigung und ließ sich darauf durch eine unbesiegbare Gewohnheit zu seinem Nachmittagsschlafe hin= reißen. Ungeachtet der Unbequemlichkeit seiner Stellung dauerte das Schläfchen etwa 40 Minuten, worauf unser Rentier erwachte, um in aller Haft nach seiner Uhr zu sehen. Es war noch eine Stunde bis zu der Abfahrt des Fuhrwerkes, aber nach der Versicherung des Vaters Matthäa's war die Zeit nicht zu lang, um seine Tochter nach dem Kloster zurückzuführen, in dem Kaffeehaus ein Täßchen zu trinken und sich einige Minuten vor der Ab= fahrt des Wagens in dem Büreau einzufinden.

Der Tag des väterlichen Besuches war im Voraus fest= gesetzt und bekannt. Am Morgen pomadisirte man das widerspenstige Haar des jungen Mädchens und befestigte es mit einem Bande um ihre Stirn; man glättete ihre Kleider, wichste ihre Schuhe, zog ihr frischgewaschene, baum= wollene Handschuhe an und so gekleidet erschien Matthäa vor ihrem Vater, der, sie nicht sehr genau ansehend, sie nicht häßlicher fand, als eine Andere. Es hätte des be= sorgten Kennerauges einer Mutter bedurft, um die entsetz= lichen Fortschritte einer Häßlichkeit zu erkennen, welche mit der Gefahr drohte, mit den Jahren noch zu wachsen.

Der gute Mensch war deshalb auch keineswegs über= rascht, als er eines Tages, wie er seiner Gewohnheit nach in dem Sprachzimmer erschien, um nach seiner Tochter zu fragen, statt dieser die Superiorin erscheinen sah, welche ihm mit schmeichelhaftem Tone sagte, sie hätte ihm in Be= ziehung auf ihr liebes Kind einen vortrefflichen Vorschlag zu machen.

Es handelte sich darum, sie mit dem Bruder einer alten

Betschwester zu verheirathen, welche eifrig die Kapelle des Klosters besuchte.

Der Mann war 36 Jahr alt und besaß 300,000 Frs. in schönen Landgütern; er war der Sohn eines ehrenwerthen, vor wenigen Jahren erst verstorbenen Advocaten; kurz, nach den Versicherungen der Superiorin war er ein sehr würdiger Mann, und es konnte nicht fehlen, daß er das Kind vollkommen glücklich machte.

Der Vater Matthäa's, der durch 10 Jahre der Wittwerschaft Gewohnheiten der Regelmäßigkeit und der egoistischen Ruhe angenommen hatte, wünschte keineswegs seine Tochter zu sich zu nehmen; er hatte sogar nie daran gedacht und rechnete darauf, sie in ihrem Kloster zu lassen, bis sich für sie eine passende Partie finden würde. Er war daher sehr froh, sich plötzlich von jeder Sorge in dieser Beziehung befreit zu sehen, und bereit, seine Einwilligung zu geben und Matthäa die 200,000 Frs. auszuzahlen, die ihr von dem Vermögen ihrer Mutter zukamen, 200,000 Frs., die gut angelegt und durch die Anhäufung der Interessen vermehrt, ungefähr 15,000 Frs. Rente betrugen.

Bei dieser Aufzählung lächelte die Nonne mit frommem Wesen nnd sagte bei sich selbst: „ich hatte mich also nicht getäuscht!"

Matthäa wurde gerufen. Die Mutter Superiorin theilte in einer sehr geschickt geordneten Rede, in welcher die Worte: „der Wille des Herrn," „Unterwerfung unter die väterlichen Bestimmungen," u. dergl. eine wichtige Rolle spielten, dem jungen Mädchen mit, daß man über ihr künftiges Glück entschieden hätte.

Es war nicht so viel nöthig, um die Zustimmung des armen Mädchens zu erlangen. Es kam ihr nicht in den

Sinn, daß die erste und eigentlich die einzige bei dieser wichtigen Heirathsangelegenheit wahrhaft interessirte Person sie selbst sei, daß sie daher das Recht hätte, zunächst die Sache zu überlegen und dann ihre Zustimmung zu geben. Sie gab diese unbedingt, indem sie kaum begriff, was sie that.

Während der vierzehn Tage, welche zwischen dieser Mittheilung und der gegenseitigen Vorstellung verflossen (die Dinge gingen damals im Gegensatz zu dem, was jetzt gewöhnlich üblich ist), fragte Matthäa sich nicht ein einziges Mal, wie ihr Bräutigam wohl aussehen könnte. Die Mutter Superiorin hatte ihr geboten, während einiger Tage noch nicht von ihrer Heirath gegen ihre Gefährtinnen zu sprechen; sie schwieg daher gegen ihre beste Freundin.

Man ließ sie die Bekanntschaft ihrer zukünftigen Schwägerin machen, der so barmherzigen, so ausgezeichneten Person, wie die Mutter Superiorin sagte, welcher Matthäa das Glück ihres Lebens verdanken sollte. Das junge Mädchen ließ sich umarmen und küssen, hörte die Schmeichelei der guten Frau an, vermochte aber kein einziges Wort des Dankes zu finden. Welchen Dank konnte wohl auch das arme Mädchen fühlen, welches nicht den geringsten Begriff von dem großen Glücke hatte, das man ihr zudachte.

Wie kam es aber, daß die alte Betschwester an Matthäa dachte, die sie nicht kannte?

Eines Tages, in einem Augenblick der Herzensergießung, theilte der Bruder seiner Schwester seinen größten Kummer mit. Unglücksfälle in seiner Landwirthschaft, Viehsterben 2c. hatten seine Einkünfte bedeutend verringert. Um die Ordnung in seiner väterlichen Erbschaft wieder herzustellen mußte er den britten Theil derselben opfern oder eine bedeutende Anleihe machen.

„Weshalb verheirathest Du dich nicht, Bruder?" fragte die spekulative Betschwester.

„Was fällt Dir ein, Schwester? Ich soll die Last einer Frau in der Landwirthschaft auf mich nehmen! Wer würde mich übrigens auch haben wollen? Ich täusche mich nicht über mich selbst; ich bin nicht mehr jung; ich war niemals hübsch, ich habe viel auf dem Lande mit meinen Pächtern gelebt und Du begreifst wohl —"

„Vollkommen, Bruder; aber man kann vielleicht ein kleines Mädchen finden, das sehr einfältig und fern von der Welt erzogen ist."

„Reich?"

„Das versteht sich von selbst — und dabei glücklich, den Mädchennamen gegen den einer Frau zu vertauschen. In dem Kloster * * * zum Beispiel, dessen Priorin ich kenne, ließe sich vielleicht etwas für Dich finden; ich werde daran denken und mich für Dich umsehen."

„Aber 150,000 Frs. Mitgift mindestens, Schwester!"

„Mindestens, wie Du sagst."

„Und nicht allzu hübsch —"

„Sei darüber ganz ruhig, Bruder; ich erkenne gleich Dir das Richtige äußerer Vorzüge. Sie dienen leider nur zu oft dazu, unser Glück in Gefahr zu bringen."

Indem die alte Betschwester so sprach, senkte sie die Augen mit dem Ausdruck einer Ergebung, welche die bescheidenste aller Illusionen aussprach, denn ganz zuverlässig hatte die Schönheit der guten Dame ihre Tugend nie einen Augenblick in Gefahr bringen können. Sie war von Natur verwachsen und hatte über dem einen Auge einen großen rothen Flecken, der sich bis zu ihrer scharf gekrümmten Nase erstreckte.

In Folge dieser Unterredung und einer andern zwischen der alten Dame und der Superiorin des Klosters, war Matthäa dem Bruder der Betschwester durch das Sprach= gitter der kleinen für die Aufnahme der Fremden bestimmten Kapelle gezeigt worden.

„Sie ist sehr häßlich," hatte er gesagt, „und das ist es, was ich brauche. Sie wird keine Ansprüche machen und sich leicht darin fügen, bürgerlich und einfach mit mir zu leben."

Die erste Zusammenkunft fand im Sprachzimmer statt. Matthäa, die bis dahin niemals schüchtern gewesen war, fühlte sich sehr verlegen; sie erröthete, senkte die Augen und konnte nicht ein Wort zusammenhängend sprechen. Als sie zu ihren Gefährtinnen zurückkehrte, die sie verlassen sollte, vermochte sie ihrer besten Freundin, die sie über das Aussehen ihres künftigen Gatten befragte, nichts weiter anzuvertrauen, als daß er glanzlederne Stiefel trüge und eine Piquéweste, die sehr weit vorging.

„Er hat also einen Bauch?" bemerkte die Freundin.

„Ich glaube ja," entgegnete Matthäa. „Uebrigens haben vielleicht alle Männer von 36 Jahren einen Bauch; mein Vater hatte ihn von jeher."

Dafür aber konnte Matthäa ihren Gefährtinnen eine goldene, grün emaillirte Uhr mit goldenen Zierrathen zeigen.

Die vertraute Freundin, welche ebenfalls ein junges Mädchen von 16—17 Jahren war, aber sehr hübsch und munter, wurde durch dies Geschenk geblendet und that einen Ausruf der Bewunderung. Am nächsten Morgen sagte sie Matthäa, sie hätte die ganz Nacht von Gold und

Emaille geträumt und sie in einer Wolle erblickt, gekleidet in Goldbrokat und mit Edelsteinen gekrönt wie eine Madonna. Matthäa lächelte über den Traum ihrer Freundin. Sie — sie hatte durchaus nichts geträumt.

Drei Tage darauf mußte sie ihren Gefährtinnen und den Nonnen Lebewohl sagen. Das Herz Matthäa's zog sich zusammen und sie brach in Thränen aus; sie empfand einen großen Kummer und stand auf dem Punkte, ihren Vater zu bitten, sie für immer in dem Kloster zu lassen. Aber die Gegenwart ihrer zukünftigen Schwägerin, welche sie nicht verließ, hielt sie zurück. Und hatte ihr nicht überdies die Mutter Superiorin gesagt, daß ihre Heirath der Wille des Herrn und der Wunsch ihres Vaters sei? Sie ergab sich deshalb darein.

Matthäa wurde zehn Tage nach ihrem Austritt aus dem Kloster vermählt und reiste mit ihrem Manne nach dem Lago maggiore ab.

Während dieser zehn Tage und nach dem Gebrauche des Landes hatte jeder Verwandte der beiden Familien der Braut sein Geschenk überbracht oder überschickt. Es waren Schmucksachen von dem zweifelhaftesten Geschmack, seidene Kleider von greller Farbe, falsche Kaschemirs, falsche Spitzen und dergleichen. Das arme Mädchen war verwirrt und geblendet durch diese Schätze, sie dachte, ihr Bräutigam sei mindestens Millionair, und gleich ihrer Freundin im Kloster träumte sie mehrere Nächte lang nur von Brokat und Edelsteinen. Während dem folgenden Tage beobachtete Matthäa ihren Bräutigam etwas genauer, und bemerkte, daß er nicht täglich glanzlederne Stiefel trug, daß seine Westen nicht immer von tadelloser Reinheit waren und

daß er nicht jünger aussah als ihr Vater, der 15 Jahre
älter war, als ihr zukünftiger Gatte.

Die kleine Stadt, in welcher das Kloster lag, in dem
Matthäa erzogen worden war, lag gleich der, die ihr Va=
ter bewohnte, in einer flachen, einförmigen Ebene. Die
junge Frau wurde daher durch die schönen Landschaften,
die sich ihrem Auge boten, überrascht; die Gebirge, der
See, die Insel erschienen ihr als ein irdisches Paradies.
Aber so oft sie ihren Enthusiasmus aussprechen wollte,
schnitt ihr Mann ihr das Wort durch einen Ausruf über
den Staub ab, der ihn blind machte, über die Hitze, die
ihn erstickte, über das Montone des Sees, über die Feuch=
tigkeit der Abendluft. Und Matthäa, die nicht mehr zu
sprechen wagte, drängte ihre Bewunderung in die Tiefe
ihres Herzens zurück.

Nach acht Tagen machte der Mann Matthäa den Vor=
schlag, in die kleine Stadt, die sie verlassen hatten, zurück=
zukehren. Die jungen Ehegatten sollten acht Monate lang
auf dem Lande wohnen und vier Monate in der Stadt.
Allein ihre Wohnung war weder hier noch dort in Stand
gesetzt. Matthäa hätte wohl gewünscht, noch einige Tage
an den Ufern des Sees zu bleiben, aber die Gewohnheit
an den passiven Gehorsam des Klosters, in welchem noch
mehr Strenge herrschte als bei der militairischen Dis=
ciplin, gestattete ihr keine Gegenbemerkung, und ihren
Wunsch unterdrückend, folgte sie ihrem Manne zu dessen
Schwester.

Unter dem Vorwande, ihr ihre Pensionsgewohnheiten
abzugewöhnen und sie zu lehren, sich auf eine Weise zu
kleiden, welche ihrer neuen Stellung würdig sei, staffirte

die alte Dame Matthäa auf eine lächerliche Weise heraus und es gelang ihr so, dieselbe den Verwandten und Freunden der beiden Familien in dem minbest günstigen Lichte vorzustellen.

Zum Glück bewahrte die natürliche Bescheidenheit die junge Frau in der Folge vor der größten aller Klippen, an welchen eine Häßliche scheitern kann, das heißt vor einer falschen oder übertriebenen Eleganz. Sich selbst überlassen in ihrem Hause, frei, sich nach ihrem Geschmack zu kleiden, zögerte Matthäa nicht, die geschmacklosen Zierrathen, mit denen man sie überladen hatte, fortzuwerfen und trug nur noch Gegenstände von der größten Einfachheit.

„Es ist gut! es ist gut!" sagte der Mann, ganz erfreut, sie so zu erblicken. In dieser Kleibung kann meine Frau über die Schnitter die Aufsicht führen, ohne daß sie zu fürchten hätte, mit ihrem Kleide an den Hecken hängen zu bleiben oder sie in dem Staube nachzuschleppen. Ja, sie ist eine Frau wie ich sie brauche!

Matthäa, welche eine kräftige Constitution besaß, fand Geschmack an den Vergnügungen und selbst an den Arbeiten des Landlebens; sie brachte einen Theil ihrer Zeit in der freien Luft zu. Was hätte sie überdies auch allein in dem Hause oder in der Gesellschaft ihres Mannes thun sollen? Gewiß war es besser, ihn nicht zu viel anzusehen, sondern statt dessen auf das Feld zu gehen.

Sie wälzte sich in dem Heu, plauderte mit ihren Arbeitern, erkundigte sich nach deren Kindern, besuchte diese oder ließ sie sich schicken und machte sich bald in dem Dorfe und in der ganzen Umgegend beliebt. Nach dem Heu kam die Kornernte, dann die Weinlese und die Einerntung der Winterfrüchte; darauf mußte sie wieder nach der Stadt zurückkehren. Matthäa that dies mit Bedauern. „Gut, gut," sagte der Mann wieder, indem er sich vergnügt die Hände rieb, „sie liebt die Stadt nicht. Desto besser! Ist die Miethe der Wohnung zu Ende, dann kündigen wir sie; das macht ein Ersparniß von 1200 Francs. Meine kleine Frau ist wahrhaftig ein Schatz. Ein Anderer würde sie häßlich finden, ich aber finde sie recht niedlich. Sie ist gewiß auch glücklich denn ich lasse ihr all' ihren Willen."

Im Laufe des Winters kam Matthäa mit einer Tochter nieder. Der Mann hatte einen Sohn erwartet und wurde deshalb etwas unwillig, die junge Frau aber im Gegentheil entzückt. Sie hatte während des ganzen Sommers für die kleinen Mädchen der Bäuerinnen große Vorliebe gezeigt. Sie kleidete und entkleidete sie, schmückte sie und gab sie mit großem Widerstreben ihren Müttern zurück.

Matthäa hatte keine Kindheit gehabt, sie hatte nie die Freuden gekannt, durch welche die Spiele mit der Puppe eine künstliche Mutterschaft schmücken, und mit 17 Jahren mischte das unerfüllte Sehnen des kleinen Mädchens sich noch bei ihr mit dem eines reiferen Alters.

Von dem Tage an, an welchem Matthäa Mutter wurde, blitzte aus ihr jener Funke, der sich bei jedem weiblichen Wesen entzündet, mag es schön oder häßlich, reich oder arm, geistreich oder einfältig sein. Dieser Funke entströmte dem Herzen der jungen Mutter und brachte alle andere Gefühle zum Ausbruch.

Matthäa vergaß die Vergangenheit, hörte auf an die Zukunft zu denken und richtete alle ihre Liebe, ihre Neigungen, ihre Hoffnungen und Wünsche auf das kleine theure Geschöpf. Sie hatte nur wenig zu vergessen, wird man mir sagen. Ja, aber sie vergaß eben dies Wenige. Ihr Mann, wurde ihr vollkommen gleichgültig, das war übrigens das Beste, was diesem groben, egoistischen und anspruchsvollen Manne begegnen konnte, der schon längst die Freundlichkeiten und das schmeichelhafte Wesen abgelegt hatte, welches er für seinen Brautstand und die erste Zeit der Ehe annahm.

„Meine Frau ist so gut," sagte er sich, sobald er Matthäa näher hatte kennen lernen, „daß ich mir ihretwegen keinen Zwang anzuthun brauche."

So kehrte er eines Tages zu seinen alten Gewohnheiten zurück, das heißt: er wurde wieder unreinlich, nachlässig in seinem Anzuge, beschmutzt bis zu den Knieen, und in diesem schönen Zustande kam er in das Zimmer und wälzte sich auf den Meubeln umher.

Matthäa, deren Anzug sehr einfach, aber tadellos und sauber war, empfand daher auch bei seinem Anblick ein unwillkürliches Gefühl des Ekels.

Wenn sie aber mit ihrem drei Monate alten Püppchen auf das Land zurückkehrte, kümmerte sie sich durchaus nicht mehr um den Anzug und das Wesen ihres Mannes; er ging, er kam, setzte sich wo er wollte, kleidete sich wie es ihm gut dünkte. Matthäa, ihr Kind auf den Knieen oder an den Busen legend, sah voll Innigkeit auf dessen schöne blauen Augen, küßte dessen niedliche Fingerchen, strich mit der Hand durch die sprossenden Locken seines blonden und seidenweichen Haares.

In Folge einer eigenthümlichen Laune des Schicksals war die kleine Maria schön wie ein Engel, schön wie das Gotteskind derjenigen, deren Schutz Matthäa an der Wiege ihres Töchterchens anflehte, dem sie den Namen derselben beilegte.

Wenn wir sagen, daß Maria hübsch war, so heißt dies auch, daß sie ihrem Vater und ihrer Mutter in nichts glich. Sie hatte eine weiße und rosige Haut, köstlich ge= schnittene Augen, einen kleinen immer lächelnden Mund, wundervoll schön geformte Füße und Hände und reiches Haar von unvergleichlicher Feinheit. Ihre Bewegungen waren voll Anmuth. Mit fünf Monaten liebkoste sie ihre Mutter schon mit ihren kleinen Händchen, und mit einem Jahre begann sie zu stammeln: „kleine Mama! kleine Mutter!" Kurz, es war eins jener außerordentlichen Kinder, welche nur von der Süßigkeit und der Poesie der Mutterschaft träumen lassen. Matthäa verließ sie daher auch nicht einen Augenblick. Matthäa blieb zu Hause bei ihrem theuren Kinde, das sie nicht müde wurde zu betrachten, mochte sie nun in der Stadt sein und ihr Mann in einem Kaffeehause sitzen, Bier trinken, seine Pfeife rauchen und die Zeitung in Gesellschaft von Leuten lesen, die ihm an Rang untergeordnet, an Roheit und Benehmen ihm aber gleich waren, mochte er auf dem Lande die Knechte beauf= sichtigen und mit den Bauern zanken.

Der mütterliche Instinkt hatte ihr für ihre Tochter den besten Geschmack eingeflößt. Matthäa hatte weder die elegante Welt besucht, noch fürstliches Kinderzeug gesehen, und gleichwohl stand das der kleinen Maria den reichsten und ausgesuchtesten Kleider dieser Art in Nichts nach. Die ganze Zeit und das ganze Geld der jungen Mutter wurden darauf verwendet; sie stickte die Säume und die kleinen Kleider des Kindes und zog ihr frische an, sobald die ersten nur ein wenig zerdrückt waren. Maria war die lebende

Poesie ihrer Mutter, welche sie stets in ihrem schönsten Glanze sehen wollte.

Das Kind erreichte das zweite, dann das dritte, das vierte Jahr. Es sprach lieblich, beclamirte mit Ausdruck und Gefühl mehrere kleine Gebete und einige Gesänge, die ihr ihre Mutter zu Ehren ihrer heiligen Schutzpatronin gelehrt hatte und welche sie ihre schöne Pathe nannte.

Matthäa hatte ihre Frömmigkeit des Klosters beibehalten, und diese war, vereint mit ihrer mütterlichen Liebe milder und freundlicher geworden. Sie empfand täglich ein großes Vergnügen, für ihre Tochter den mächtigen Schutz derjenigen anzuflehen, welche das Kind durch Wohlthaten und Tugend reich machen konnte. Und welche Freude war es dann auch für sie, jeden Augenblick den süßen Namen Maria auszusprechen! Wenn Matthäa neben ihrer Tochter knieend, das Kind ihr Gebet wiederholen hörte, schien es ihr, als ob alle Engel im Chor rings um sie her sängen.

Wir brauchen nicht zu sagen, daß Matthäa zufrieden mit ihrem Loose war und daß sie keineswegs die Glücklichen beneidete, welche mit den Gaben der Schönheit geschmückt waren. Sie war sich ihrer Häßlichkeit nicht bewußt oder sie dachte wenigstens nicht daran.

Eines Tages schlief die kleine Maria unter der Seide und den Spitzen der eleganten Wiege, welche die Mutter selbst ihr bereitet hatte. Matthäa betrachtete das Kind voll Liebe und bemühte sich, in dessen Zügen eine Aehnlichkeit aufzufinden; da sie mit dem Vater keine entdecken konnte, näherte sie sich dem Spiegel, in welchem sie sich betrachtete wie noch nie zuvor, das heißt mit Aufmerksamkeit und Studium.

„Mein Gott! wie häßlich ich bin!" rief sie plötzlich erschreckt, und: „Ach mein Gott, wenn Maria mir ähnlich würde!" Bei diesem Gedanken brach die arme Frau in heftiges Weinen aus.

Die kleine Maria erwachte, und da sie ihre Mutter in Thränen sah, fragte sie nach der Ursache ihres Kummers.

„Mein armes Liebchen, ich bin häßlich, ich dachte Du könntest mir eines Tages ähnlich werden."

„Du häßlich!" entgegnete das Kind verwundert. O nein, Mama! Ich finde Dich so schön wie die Madonna in der großen Kirche, welche ein silbernes Diadem auf dem Kopfe und goldene Perlen um dem Hals hat.

„Theures, theures Kind," sagte Matthäa, indem sie ihre Tochter mit Leidenschaft umarmte, „was thut es denn, wenn Du mir auch ähnlich wirst, wenn nur die, welche Dich lieben, Dich schön finden?"

Von diesem Tage an dachte Matthäa nicht mehr an ihre eigene Häßlichkeit, aber sie beobachtete mit Freuden die Entwickelung der Schönheit ihrer Tochter.

„Ach, Maria gehörte einer anderen Welt an."

In einer Nacht, als das Kind neben dem Bett seiner Mutter schlief, so nahe, daß eine Hand Maria's in der Hand Matthäa's ruhte, fuhr die arme Frau plötzlich aus dem Schlafe in die Höhe, indem sie fühlte, daß die Haut des Kindes brennend heiß geworden war. In demselben Augenblick warf Maria sich auf ihrem Lager umher und flüsterte:

„Mir ist heiß, sehr heiß!"

Matthäa sprang aus dem Bett, ergriff die Nachtlampe, näherte sie dem Gesicht des Kindes, dessen Wangen brannten, zog mit zitternder Hand das Betttuch von der Brust der Kleinen zurück und fand diese mit rothen Flecken bedeckt. Außer sich riß die arme Mutter an der Klingel und weckte alle Leute des Hauses, um so schnell als möglich einen Arzt kommen zu lassen.

Während Matthäa haftig ein Kleid überwarf, wurde das Kind ruhiger, der Anfangs heftige ungleiche Athem wurde gleichmäßiger, die Hitze der Haut nahm ab. Die arme Mutter setzte sich an das Bett ihrer Tochter, nahm die Hand des Kindes in die ihrige und die Augen auf dessen Züge gerichtet, erwartete sie in regungsloser Angst und Todesqual, die Ankunft des Arztes.

Nach einer Stunde öffnete Maria die Augen wieder, streckte ihre kleinen Arme aus, ließ sie plötzlich wieder zurücksinken, stieß einen schwachen und letzten Seufzer aus und wendete ihren sanften Blick noch mit Liebe auf ihre Mutter.

Matthäa stieß keinen Schrei aus, vergoß keine Thräne; der Schlag war so heftig, so unerwartet, daß er ihr jedes Gefühl, jedes Bewußtsein ihrer selbst und ihres Unglückes raubte. Erst am nächsten Tage kam sie wieder zu sich, rief lächelnd nach ihrer Tochter, und da sie neben der Wiege den Sarg stehen sah, in welchen man die kleine Leiche schon gelegt hatte, stieß sie herzzerreißendes Geschrei aus, flehte den Himmel an, sie sterben zu lassen, um mit ihrem Kinde hinweggetragen zu werden.

Ach, es stirbt nicht Jeder, der sterben möchte! Matthäa fühlte wohl, daß ihr Herz zerriß, um ihrer Tochter in das Grab zu folgen; ihr Körper aber mußte in seiner traurigen Hülle zurückbleiben. Die arme Mutter brachte mehrere

Tage in einer vollständigen Regungslosigkeit zu, ihre verzweifelnden Gedanken flogen ihrer Tochter nach; ihr Mund wiederholte unwillkürlich die Hymnen, mit denen sie die Kleine sonst einschläferte oder erweckte, und ihre Finger führten die Nadel, um die Arbeit zu beendigen, welche das Kind schmücken sollte.

Eines Morgens war Matthäa, welche während der Nacht kein Auge hatte schließen können, mit der Morgenröthe aufgestanden; die arme Frau ging in den Garten hinab, überschritt die Schwelle ihrer Wohnung, die sie seit dem Tode ihrer Tochter nicht verlassen hatte, und ging nach der Kirche. Kaum war die Thür derselben geöffnet worden. Matthäa kniete auf den Stufen des Altars nieder, an eben der Stelle, wo sie zum letzten Male gebetet hatte, glücklich und heiter ihr schönes Kind an der Hand haltend.

„O heilige Pathe!" rief sie schluchzend, „weshalb hast Du sie mir genommen!" Und die Hände faltend, das Gesicht in Thränen gebadet sah sie mit dem Ausdruck zärtlicher Vorwürfe auf das Bild der heiligen Jungfrau, welche unter dem Namen: „Unserer lieben Frau des Trostes" angebetet wurde.

O Wunder! In diesem Augenblicke schien es ihr, als neige die Madonna den Kopf gegen das Gotteskind, welches sie auf dem Arme hielt, als wollte sie es der armen Betrübten zeigen. Matthäa betrachtete das Kind; es war von einer auffallenden Aehnlichkeit mit dem, welches sie verloren hatte.

Das waren die sanften blauen Augen welche sie ansahen, der kleine stets lächelnde Mund, die gerundeten Füße und Hände.

Unsere liebe Frau des Trostes, Du senktest damals wirklich einen Strahl in das Herz der armen Betrübten.

„Sie liegt in Deinen Armen, heilige Pathe; möge sie denn darin bleiben!" sagte Matthäa, indem sie voll Ergebung den Kopf senkte. „Sie wird glücklich sein und nur ich allein leide!"

Nachdem sie die Kirche verlassen hatte, eilte sie in ihren Garten, die schönsten Blumen zu pflücken, um sie in Guirlanden zu flechten und in Bouquets zu den Füßen der heiligen Jungfrau und des Kindes niederzulegen.

Von diesem Tage an wurde Matthäa, zwar nicht glücklich, doch wenigstens ruhiger und ergebungsvoller.

Jeden Morgen betete sie und weinte leise vor unserer lieben Frau des Trostes, und jeden Morgen schien es ihr, als ob das Gotteskind eine noch auffallendere Aehnlichkeit mit ihrer Maria hätte.

Anfangs wunderte sie sich, dies nicht früher bemerkt zu haben. Allein ihr poetischer und inniger Glaube gab ihr sogleich eine Antwort.

„Die heilige Jungfrau entsiegelte es damals meine Augen nicht, um mir später diesen Trost zu gewähren," sagte sie zu sich.

Matthäa brachte in die Kirche Blumen, so lange es deren in dem Garten gab; als alle erfroren waren, verließ sie das Land, aber ihr Herz zog sich schmerzhaft zusammen.

Und der Mann Matthäa's?

Nun ja, der Mann war über den Tod seines Kindes schmerzlich betrübt gewesen und mehrere Tage lang bei seiner Frau geblieben; als er aber sah, daß sie nicht sprach und sich ganz in ihren Schmerz versenkte, sagte er:

„Meine Frau hat stets ihre frommen Uebungen und ihre Arbeiten lieber ohne Zeugen vorgenommen; ich bin ihr im Wege. Es ist daher besser, ich lasse sie allein."

Eines Morgens also, als er sie gefragt hatte, wie sie sich befände und wie sie die Nacht zugebracht hätte, darauf aber die Augen der armen Frau sich mit Thränen füllten und ihr Blick sich auf die Wiege ihrer Tochter richtete, verließ er sie eilig und ging auf das Feld.

Einige Tage darauf erzählte ihm Matthäa von der Aehnlichkeit des Kindes unserer lieben Frau des Trostes mit der kleinen Maria und forderte ihn auf, sie zu begleiten. Er zuckte die Achseln, nannte seine Frau eine Närrin und sagte, sie hätte stets mystische Gesichter gehabt und ihre Frömmigkeit mache sie lächerlich.

Als Matthäa diese Sprache hörte, ließ sie ihren Thränen freien Lauf. Sie weinte an diesem Tage eben so sehr über den Räuber ihrer Illusionen, wie über ihr armes Kind.

„Er ist ihr Vater," sagte sie sich, ihr Vater! Und statt meinen letzten Trost zu achten, die Poesie der Erinnerung und der Illusionen, sucht er ihn mir zu rauben!

Als Matthäa's Mann sie weinen sah, näherte er sich ihr, schlug einen Arm um ihren Leib und sagte:

„Ei, meine liebe Freundin, Du mußt diesem übertriebenen Schmerz ein Ende machen; unser Kind ist todt, aber wir können ja andere bekommen!"

Ein Frösteln durchrieselte den Körper Matthäa's, ein unbesiegliches Gefühl des Widerwillens und des Ekels bemächtigte sich ihrer. Diese bisher so bescheidene, so unterwürfige Frau empörte sich plötzlich, und sich aus den Armen ihres Mannes losmachend eilte sie aus dem Zimmer und flüchtete zu der Wiege Maria's. Den Kopf unter das Kopfkissen des Kindes bergend flüsterte sie:

„Nie! — nie!"

„Meine Frau ist entschieden verrückt," sagte der rohe Mann. Und den Hut auf den Kopf stülpend, seine Pfeife stopfend und ein gemeines Lied pfeifend ging er, um nach der Weinernte zu sehen.

Jahre vergingen und breiteten über das Gesicht Matthäa's einen Schleier der Melancholie, der ihr indeß keineswegs schadete, im Gegentheil: schlank, blaß, mit abgemagertem Gesichte war sie zwar noch mit 26 Jahren häßlich, doch nicht mehr so sehr wie mit 16.

Diese Mutter, welche die Häßlichkeit für ihre Tochter so sehr gefürchtet hatte, fuhr fort, sich ihretwegen nicht darum zu kümmern, denn sie war von ihrem unvortheilhaften Aeußern überzeugt, allein sie betrachtete dasselbe als etwas Unvermeidliches, welches auf ihr Geschick keinen Einfluß gehabt hatte und auch ferner keinen haben durfte.

Diese Art zu denken, hing vielleicht mit ihrer Geistesrichtung, ihrem von aller Koketterie freien Charakter zusammen, besonders aber mit dem Leben, das sie stets fern von der Welt geführt hatte, diesen Mittelpunkt, in welchem die Schönheit einer Frau die erste, wo nicht die einzige Bedingung ihres Glückes ist.

Beständig umgeben von denselben Personen, welche dadurch, daß dieselben sie täglich sahen, ihre Häßlichkeit vergaßen, ohne jemals müde zu werden, ihre unbestreitbaren moralische Eigenschaften zu bewundern und zu loben, kannte Matthäa nicht den wahren Werth der Schönheit und den, welchen die Welt darauf setzt.

Während der 10 Jahre, die seit ihrer Verheirathung

verflossen waren, hatte sie nach und nach ihre zu klöster=
lichen und wirthschaftlichen Gewohnheiten abgelegt, sie
kleidete sich wie alle Welt, besser wie alle Welt, weil ihr
Anzug, obgleich sehr sorgfältig, stets die größte Bescheiden=
heit und Einfachheit zeigte. Sie arbeitete noch immer
viel, allein da sie nicht mehr das Reizmittel hatte, für die
Kleidung eines Kindes zu sorgen, las sie auch viel, und
da es ihr nicht an Verstand fehlte, erweiterten sich ihre
Begriffe, läuterte sich ihre Sprache. Sie erkannte dadurch
leider die ganze bemüthigende rohe Nullität ihres Mannes,
allein bewaffnet mit Philosophie und Ergebung, war ihr
Verdienst um so größer, da sie mit Sanftmuth und
Güte duldete, wofür der egoistische Mensch ihr jedoch keine
Rechnung trug, so, daß er nur nach Hause kam, um zu
murren oder irgend Etwas zu tadeln. Sogar die be=
scheidene Sorgfalt, die Matthäa auf sich selbst anwendete,
fand seine Mißbilligung. Alles war in den Augen dieses
Menschen unnütz oder Zierrath. Alles bis zu dem ein=
fachen goldenen Reifen, der weder Tag noch Nacht von
dem Arme Matthäa's kam, und in welchem die Haare
Maria's eingeschlossen waren; Alles bis zu dem Medaillon,
welches an ihrem Halse hing und das Bild des Kindes
enthielt; Erinnerungen, welche der rohe Mensch in das
Fach eines Schrankes hätte verweisen mögen.

Wenn seine Frau las, zankte er sie aus; sah er sie
träumerisch, so grollte er noch stärker. Was würde er erst
gesagt haben, großer Gott, wenn Matthäa ihm das Ge=
heimniß einige ihrer Träumereien anvertraut hätte? Wenn
er zum Beispiel gewußt hätte, daß sie, wenn sie so jeden
Abend längere Zeit auf das Fenster gelehnt stand, die
innigsten Gedanken ihres Herzens auf einen Stern richtete!

Diesen Stern, der heller glänzte wie die übrigen, hatte sie Maria stella genannt, weil Maria, als sie noch ein kleines Kind war, ihn bemerkte und ihm jedesmal Kußhändchen zuwarf. Frau Matthäa war dieser Stern jetzt Maria selbst, welche von der Höhe des Himmels auf sie hernieder sah.

„Das Maria stella! Ei, das ist Lucifer, würde ihr Mann, mit seinem rohen Lachen gesagt haben. „Ja, Lucifer, Venus oder der Stern der Schäferstunde, der zwischen Merkur und Mars stand.

Ach, viel lieber war es Matthäa, ihr ganzes Leben hindurch diese astronomischen Erklärungen nicht zu kennen, als eine einzige der süßen Illusionen, welche sie ihren Schmerz vergessen ließen, zu verlieren.

II.

Nicht weit von dem Pachthofe, der verschönert war und den pomphaften Namen Villa erhalten hatte und den Matthäa bewohnte, lag eine elegante und aristokratische Behausung, in welcher die zahlreiche Familie der Gräfin von T... alljährlich die schöne Jahreszeit zubrachte.

Die Gräfin hatte einen Sohn von 26 Jahren, eine Schwiegertochter von 28 Jahren und eine Tochter von 12 Jahren und außerdem noch zwei oder drei kleine Kinder ihres Sohnes.

Als Nachbarin machte Matthäa während den erften Jahren ihrer Ehe jede Saison einen Besuch bei den Damen des Schlosses. Man nahm sie mit der Leutseligkeit von Beschützerinnen auf und erwiderte gewissenhaft nach acht Tagen ihren Besuch. Darauf beschränkt sich der gegenseitige Umgang.

Als aber Matthäa ihre Tochter verloren hatte, empfand die junge Gräfin T..., welche einige Jahre zuvor von dem gleichen Unglück getroffen worden war, Mitleid mit der armen Mutter. Sie eilte zu ihrer Nachbarin, bewies ihr alle Sorgfalt und gewährte ihr jeden Trost, der in ihrer Macht stand. Der Anblick dieses so tiefen, so herz= zerreißenden Schmerzes flößte ihr überdies noch eine zarte Sympathie für die unglückliche Matthäa ein, und so oft sie im Stande war auszugehen, holte Louise sie ab, führte sie nach dem Schlosse und machte mit ihr Spaziergänge in dem Parke oder Spazierfahrten in der Umgegend.

Matthäa hatte sich Anfangs mit der größten Gleich= gültigkeit so pflegen und mit Liebenswürdigkeiten über= häufen lassen. Aber allmählig fesselte sie ein Gefühl wahrer Dankbarkeit an die junge Frau, ließ sie die Art von Widerwillen überwinden, welches sie darüber empfand, so beständig in der Gesellschaft von Personen zu sein, die weit über ihr standen.

Der Mann Matthäa's, dessen Gewohnheit es war, über Alles zu murren und sich über Alles zu beklagen, ließ eine so schöne Gelegenheit nicht unbenutzt, seiner Frau die häu= figen Störungen zum Vorwurf zu machen, welcher ihr Gang von der Villa nach dem Schlosse und zurück in seiner Hauswirthschaft hervorbrächten. Im Grunde aber fühlte er sich sehr geschmeichelt über die Vertraulichkeit Matthäa's mit dem vornehmen Hause und er zürnte daher nicht ernstlich.

Seine junge Frau nahm daher allmählig und ohne Hinderniß die Gewohnheit an, die Abende bei ihren aristo= kratischen Freundinnen zuzubringen. Nach dem Essen und wenn ihr Mann anfing, auf seinem bequemsten Armsessel einzuschlafen, begab Matthäa sich nach dem Schlosse, blieb dort eine, zuweilen zwei Stunden, und kehrte von dort zurück, begleitet von einem Menschen, der in der Villa die Eigenschaften des Gärtners mit denen des Bedienten vereinigte.

Zu der Zeit, in welcher dieser vertraute Umgang begann, hatte die Tochter des Grafen, welche in Folge eines eigenthümlichen Zufalles ebenfalls Maria hieß, das Alter von 10 bis 12 Jahren erreicht. Klein, schlank, mit sehr kindlichem Gesicht, schien sie nicht älter als 8 oder 9 Jahre zu sein. Gleich der Tochter Matthäa's hatte auch Maria blondes, feines und von Natur gekräuseltes Haar; gleich dem Kinde der Bürgerfrau hatte sie blaue Augen, rosige Wangen und einen kleinen Mund. Aber die Tochter Matthäa's besaß Sanftmuth, Bescheidenheit des Blickes, den ruhigen Charakter ihrer Mutter, und die kleine Gräfin war lebendig, ungestüm, etwas eigensinnig.

Etwas spät erst geboren, als man sie nicht mehr erwartete, wurde Maria das verzogene Kind ihres kürzlich verstorbenen Vaters. Ihre Mutter, ihr Bruder und selbst ihre Schwägerin fuhren darin fort, sie anzubeten, ihr zu schmeicheln, jede ihrer kleinen Launen zu erfüllen.

Das Kind faßte eine lebhafte Sympathie für Matthäa, und dies trug ohne Zweifel viel dazu bei, die Freundschaft der ganzen adeligen Familie für ihre bescheidene Nachbarin zu steigern. Matthäa ihrerseits liebte Maria ganz besonders.

Wenn die junge Frau allein mit dem Kinde war, schloß sie dasselbe an ihr Herz, küßte es auf die Stirn, nannte es „Maria" oder „meine kleine Maria," was sie in Gegenwart der Verwandten des jungen Mädchens nicht zu thun wagte, sei es, daß unwillkürlich der Titel der

Damen ihr imponirte, sei es, daß deren Anwesenheit sie an die Rechte derselben an das schöne Kind erinnerte, daß sie bei dem Alleinsein mit demselben, als ihr eigenes betrachtete. War Maria nicht dem Kinde Matthäa's ähnlich? Trug es nicht den lieben Namen desselben? Schmeichelte es nicht zuweilen Matthäa ebenso, wie deren eigenes Kind seiner Mutter geschmeichelt hatte?

Während den Monaten Juli und August zählte die Familie T... in dem Schlosse ein Mitglied mehr. Dies war der Baron Léonel von ..., der Bruder der jungen Gräfin.

Der Baron war zwar zu der Zeit, wo die vertraute Freundschaft zwischen Matthäa und den Damen des Schlosses begann, 34 Jahre alt, aber dennoch schon Oberst und genoß zugleich eines ausgezeichneten militairischen Rufes. Er war ein schöner Mann, groß, schlank, etwas blaß, sehr unterrichtet, aber von wechselvollem Charakter. Für gewöhnlich ernst, war er im Familienkreise zuweilen von beinahe kindischer Heiterkeit. An solchen Tagen beschäftigte er sich besonders mit der kleinen Maria, theilte ihre Spiele, verbesserte dieselben, labete die Andern ein, daran Theil zu nehmen und neckte sie lachend auf hundertfache Weise. Dessen ungeachtet und vielleicht eben deshalb war es ihm nicht gelungen, die Sympathie des Kindes zu gewinnen. Sie beklagte sich oft gegen Matthäa über die Unterbrechungen, welche durch die Anwesenheit Léonels in ihrem Alleinsein miteinander herbeigeführt wurden. In der That schien der Baron ein besonderes Vergnügen daran zu finden, das Kind zu verfolgen, wenn es allein mit Matthäa war; er suchte es in den Gebüschen des großen Parkes auf und begleitete sie oft bis nach der

Villa. Jeden Abend wohnte er als Dritter der Parthie Dame oder Domino bei, welche Matthäa und Maria mit einander spielten, ehe sie sich trennten. Man sah ihn zuweilen schweigsam in Gedanken versunken, offenbar weit entfernt von dem Orte, an dem er sich befand; andere Male dagegen mischte er sich mit einem nicht sehr natürlichen Eifer in das Spiel und nahm dann fast immer Parthie für Matthäa gegen Maria.

Während den ersten Jahren ihres vertrauten Umganges mit den Bewohnern des Schlosses, sah Matthäa den Baron nicht öfter als von einem Sommer zum andern. Aber einmal hatte sie ein Buch, das er ihr borgte, nicht zu Ende lesen können und ihm deshalb im Laufe des Winters dasselbe mit einer Entschuldigung und ihrem Dank überschickt. Léonel antwortete auf das Billet durch einen Besuch. Matthäa blieb viel zu Hause und er fand sie an ihrem häuslichen Herd.

Der Oberst hatte in seiner Unterhaltung eine gewisse Pedanterie, die wahrscheinlich zu den hauptsächlichsten Ursachen der geringen Sympathie gehörte, welche er Maria einflößte. In den Augen Matthäa's, die nicht viel sprach und mehr und mehr Geschmack an unterrichtenden Gegenständen fand, wurde dieser kleine Fehler ein Reiz mehr. Der Baron sprach sehr gut. Mit etwas schneidendem Tone analysirte er die Werke, die er Matthäa lieh, unterrichtete sie, bestimmte ihr Urtheil, das unsicher war, nicht aus Mangel an Geist, sondern aus Mangel an hinlänglichen Kenntnissen.

Gleich bei dem ersten Besuche, welcher Léonel Matthäa machte, bemerkte er das Interesse, mit dem sie ihn anhörte. Sei es nun, daß seine Eigenliebe sich dadurch

geschmeichelt fühlte, sei es, daß er das aufrichtige Ver=
langen empfand, einen Geist zu erleuchten, der nichts sehn=
licher wünschte, als Aufklärung und Arbeit, genug, er
kehrte nach einigen Tagen zurück und brachte neue Bücher
mit. Diese wurden mit Eifer gelesen. Matthäa richtete
darüber einige Fragen an ihn und dann that sie Aeuße=
rungen, die ziemlich treffend waren.

Léonel fühlte sich stolz über die schnellen Fortschritte
derjenigen, die er in Gedanken schon seine Schülerin nannte,
ohne sich genau Rechenschaft von seinen Absichten oder
seinem Ziel zu geben. Und so nahm er die Gewohnheit
an, oft zu Matthäa zu kommen. Er fand sie stets allein
und stets geneigt, ihn mit derselben Theilnahme anzuhören.

Allmählig entstand eine größere Vertraulichkeit zwischen
ihnen, und nicht mehr blos zufällig kam Léonel zu Matthäa,
sondern er hatte seine Stunden und wurde erwartet; der
kleine Salon wurde zu seinem Empfange in Stand gesetzt;
man stellte an das Feuer den Armsessel, den er besonders
liebte; das Gespräch drehte sich nicht ausschließlich um die
gehabte Lecture. Léonel erzählte seine Eindrücke, seine
Pläne, die Hoffnungen und Unzufriedenheiten, welche sein
Dienst bei ihm erweckte, und Matthäa hörte ihn mit einer
parteilichen Freundschaft zu. In ihren Augen waren die
Generäle und die Minister wechselweise Helden oder große
Verbrecher; je nachdem sie Léonel belohnten oder sein
Verdienst mißkannten.

Matthäa, die arme Frau, hatte nur wenig mitzutheilen,
aber dieses Wenige sagte sie. Da sie oft ihre Abende bei
den T...s zubrachte, unterhielt sie Léonel von seiner
Schwester Louise, von der Gräfin und besonders von
Marien, die der Baron seine kleine Freundin nannte.

Der Mann Matthäa's setzte diesen Besuchen kein
Hinderniß entgegen. Er war beinahe beständig aus dem
Hause und wußte wahrscheinlich nicht, wie oft sie waren.
Allein hätte er auch dies gewußt, so würde er sie den=
noch nicht gehindert haben, denn der Bruder Louisen's
gehörte der Familie an, welche, wie er nicht sehr liebens=
würdig Matthäa sagte, seine Wohnung in Besitz genommen
hatte, während er im Grunde genommen, wie wir wissen,
entzückt darüber war, in seinem Hause die Gräfin von
T.... und ihre vornehmen Verwandten zu sehen.

Der vertraute Umgang Matthäa's und Léonels hatte
zur Zeit der Rückkehr nach der Stadt begonnen; seit drei
oder vier Monaten dauerte er, als daran gedacht werden
mußte, auf das Land zurückzukehren.

Matthäa fand in ihrem Herzens nicht jene Ergebung,
mit der sie jedes Jahr in den ersten Tagen des April
die Reise antrat; sie hätte gewünscht, noch einen oder
zwei Monat in der Stadt zu bleiben, und zum ersten Male
erschien ihr der Wille ihres Mannes tyrannisch. Gleichwohl
reiste sie ab, ohne zu murren, das Herz aber erfüllt von
einer unerklärlichen Traurigkeit. Die Zeit erschien ihr sehr
lang bis zu dem Eintreffen ihrer Nachbarn, die in den
ersten Tagen des Juni ihre Sommerwohnung bezogen.

Während ihrer Einsamkeit fühlte Matthäa sich unwill=
kürlich zur Selbstbetrachtung hingezogen; sie empfand das
Bedürfniß, sich mit sich selbst zu beschäftigen; sie fand,
daß ihr Anzug nicht sorgfältig genug sei, um jeden Tag
einige Stunden auf dem Schloß zuzubringen. Sich der
ausgezeichneten Toiletten ihrer Freundinnen erinnernd, ließ
sie sich Stoffe, Spitzen und Bänder aus der Stadt kommen

und fertigte für sich selbst mehrere niedliche Negligéanzüge, die einfach aber elegant waren.

Die Damen kamen. Matthäa beeilte sich keineswegs, sich ihnen in ihrem neuen Schmuck zu zeigen. Einige Wochen darauf sprach man von der bevorstehenden An=
kunft Léonels. Gleich am nächsten Tage zog Matthäa einen ihrer hübschesten Anzüge an und von diesem Tage an verwendete sie auf ihre Kleidung eine ganz besondere Sorgfalt.

Eines Morgens wählte sie, durch eine Art von Ahnung getrieben, ihr hübschestes Kleid, setzte ein reizendes Häubchen von heller lila Farbe auf, welches allen ihren Zügen Sanft=
muth und Zärtlichkeit zu verleihen schien, und schlug in diesem Anzuge den Weg nach dem Schloße ein. Als sie sich der Hecke von Flieder und Hagedorn näherte, welche den Garten von den umliegenden Wiesen trennte, sah sie Maria auf sich zueilen, ein Schmetterlingsnetz in der Hand. Das junge Mädchen war jetzt 15 Jahre alt und seine Schönheit schmückte sie schon mit allen Reizen der Jung=
frau. Aber es bewahrte noch die Lebhaftigkeit und Schelmerei der Kindheit und überdies noch die Zärtlichkeit für Matthäa.

„Guter Gott, wie schön Sie sind, kleine Tante!" rief Maria, sobald sie Matthäa erblickte, der sie diesen ver=
wandtschaftlichen Titel gern gab: „Wenn sie eine tüchtige Strafpredigt anhören wollen, so dürfen Sie nur meinen Platz unter den großen Tulpen einnehmen."

„Eine Strafpredigt!" sagte Matthäa verwundert.

„Ach, Sie wissen nicht, daß der Oberst vor einigen Stunden ankam, und schon hält er den Damen eine Predigt über irgend einen Gegenstand, die sie nicht unterhält und

mich sehr stark langweilt. Ich habe sie deßhalb auch ver=
lassen, um dem schönen Schmetterling hier nachzujagen."

Dabei zeigte das junge Mädchen Matthäa durch die
Gaze ihres Netzes den schönen Tagvogel, den sie gefangen
hatte.

„Wie böse Sie sind, Maria!" sagte Matthäa, indem
sie das Kind mit einem Lächeln und einem Blicke umarmte,
welche ihre Worte Lügen strafte.

„Sie haben Recht," erwiderte Maria, und sogleich ihr
Netz öffnend, gab sie den schönen Schmetterling seiner
Freiheit zurück.

„Nicht von dem Schmetterling wollte ich sprechen, son=
dern von dem armen Obersten, den Sie immer miß=
handeln."

„Ich! Ei, er ist es, der mich immer aufzieht. Ge=
stehen Sie nur, kleine Tante, daß er Sie auch nicht immer
angenehm unterhält und daß Sie ihm nur aus Gefällig=
keit so aufmerksam zuhören."

„O keineswegs; ich gebe Ihnen die Versicherung,
Maria, daß die Unterhaltung des Barons in der That
sehr interessant ist."

„O keineswegs," erwiderte die Schelmin, den hübschen
Kopf schüttelnd. „Wenn Sie in dieser Meinung beharren,
so würde ich glauben, daß mein Bruder Recht hätte, als
er vorhin über den Eifer scherzte, mit welchem der Baron
sogleich nach seiner Ankunft sich nach ihnen erkundigte."

So sprechend, hatten beide ihren Weg verfolgt. Sie
befanden sich zu nahe bei dem Baume, unter welchem die
Familie versammelt saß, als daß Matthäa, ungeachtet ihres
Wunsches, zu fragen wagte, was der junge Offizier gesagt

hätte. Sie schwieg. Maria sprang ihr voran, um sie anzumelden.

„Mama, Louise," sagte sie, „hier ist Matthäa. Seht nur, wie schön sie ist! — Oberst, um Ihre Ankunft zu feiern, hat sie sich so geschmückt."

Matthäa erröthete; unwillkürlich that sie einen Schritt rückwärts und gern wäre sie ganz verschwunden. Zum ersten Male entstand ein Gefühl des Unwillens bei ihr gegen das schöne Kind, welches ihre Verlegenheit verursachte.

Léonel lächelte wie ein Mensch, der einen liebenswürdigen Scherz versteht, und reichte Matthäa freundschaftlich die Hand.

Das Gespräch wurde allgemein und schnell verschwand die Verlegenheit Matthäa's. Nach einer Stunde erinnerte die Gräfin ihre Tochter daran, daß es Zeit sei, an ihre Studien zu gehen. Maria stand auf, Louise folgte ihr. Der Graf hatte sich bereits seit einigen Minuten entfernt.

Matthäa, der Baron und die Gräfin blieben allein unter dem Tulpenbaum sitzen.

Léonel sah lange Louise und dem jungen Mädchen, die sich entfernten, nach. Er schien sehr erfreut darüber zu sein, sie gehen und hinter dem Laubwerk verschwinden zu sehen.

Matthäa wagte es nicht, Léonel anzusehen, aber sie folgte der Richtung seiner Augen.

Das Gespräch, welches bisher sehr lebhaft gewesen war, gerieth allmählig in Stocken. Léonel erhielt es nicht mehr aufrecht; er war gedankenvoll und träumerisch.

Als Matthäa aufstand, um zu Hause zurückzukehren, begleitete die Gräfin sie bis zu dem Gitterthore des Parkes, welcher zwei Schritte von dem Schlosse entfernt war. Während des Weges sagte Frau von T..., daß sie die Absicht hätte, den Stubien ihrer Tochter beizuwohnen.

„Der Baron wäre dadurch frei," sagte Matthäa zu sich selbst; „ohne Zweifel wird er mir seinen Arm anbieten, um mich nach Hause zu begleiten."

Dieser Gedanke machte plötzlich das Herz der jungen Frau mit ungewohnter Heftigkeit klopfen.

Aber Léonel, der noch zerstreut war, richtete einen Gruß an sie und kehrte mit der Gräfin in das Schloß zurück.

Unwillkürlich blieb Matthäa hinter der Hecke stehen, indem sie hoffte, daß der Baron das Schloß verlassen und wieder zu ihr kommen würde; aber vergebens. Da bemächtigte sich ein bitterer Gedanke des Herzens der jungen Frau, die für gewöhnlich so bescheiden, selbst so demüthig war.

„Weil ich nichts bin als eine geringe Bürgersfrau," sagte sie zu sich selbst, „hat mir der Baron seinen Arm nicht angeboten. Es würde ohne Zweifel ungeziemend sein, meinetwegen die Gräfin zu verlassen; selbst an der Schwelle ihrer Wohnung."

Kaum aber hatte Matthäa die Sonderbarkeit ihrer Gedanken bemerkt, als sie auch schon erröthete, ihre Schritte beeilte und sich zwang, ein Liebchen zu trällern, um ihre unwillkürliche Aufregung zu verbergen. Gegen ihren Willen war sie den ganzen Tag über traurig, und am Abend fand sie sich nicht geneigt, den Weg nach dem Schlosse wieder einzuschlagen.

Sie blieb zu ?.

Der Salon der Villa führte auf eine Gallerie, welche

als Vorgemach diente; im Hintergrunde dieser Gallerie war ein großes rundes Fenster, umgeben von wohlriechenden Kletterpflanzen, die aus dem Garten heraufwuchsen.

Der Abend war herrlich; wie gewöhnlich hatte Matthäa den Salon in dem Augenblicke verlassen, als ihr Mann einschlief; sie trat auf die Gallerie, stützte sich auf die Brüstung des offenen Fensters, sah nach den Sternen, den Pflanzen, ließ ihre Gedanken in unbestimmte Träumereien schwärmen und weinte.

Zum ersten Male zeigte sich ihr die Erinnerung an ihr Kind nicht ganz deutlich durch diese Thränen hindurch.

Eine Stunde verfloß; Matthäa's Mann erwachte, schlüpfte seiner Gewohnheit nach zum Salon hinaus, um nach seinem Zimmer zu gehen, und als er über die Gallerie kam, bemerkte er seine Frau.

„Ich glaubte Dich im Schlosse," sagte er. „Was machst Du denn hier, Matthäa? Ich wäre wirklich sehr neugierig, zu wissen, an was Du dachtest!"

Nach kurzem Schweigen fügte er dann mit spitzigem Tone hinzu:

„Du thätest besser, meine Liebe, früh schlafen zu gehen und zeitig wieder aufzustehen. Sonst war es so. Du gingst auf die Pachterei, den Hühnerhof zu überwachen, und wir hatten in jener Zeit schönes Geflügel zu unserm Braten; das, welches man uns jetzt aufträgt, scheint vor Hunger crepirt zu sein.

Seine Frau mit den Blicken messend und mit den Fingern eine Garnitur ihres Kleides mit verächtlichem Blicke aufhebend, fügte er hinzu:

„Aber seitdem Du in der Eleganz mit deinen edlen Freundinnen wetteiferst; begreife ich wohl, daß Du fürchtest, deine Falbeln auf einem Hühnerhof zu zerreißen und deine Hände zu beschmutzen. Mache Dir keine Illusionen, meine Liebe. Trotz alles dessen wirst Du weder schöner noch edler wie sonst, und Du gewinnst mit diesem Benehmen nichts als etwas Lächerlichkeit und die Verachtung deines Gleichen."

Der Stolz Matthäa's empörte sich gegen diese Sprache; sie machte eine Anstrengung, um zu antworten, aber die Aufregung raubte ihr die Stimme und sie konnte den angefangenen Satz nicht zu Ende sprechen.

„Nun, nun, werde nur nicht böse," entgegnete ihr Mann. „Ich habe diesen Abend auf meinem Armstuhl schlecht geschlafen, weil Du vergessen hast, ihn aufzulockern. Ich bin übler Laune und hatte Unrecht. Du siehst wohl, daß, wenn ich meine Ausdrücke nicht abwäge, ich mich doch meines Unrechts anklage. Gestehe wenigstens, daß ich ein guter Kerl bin."

Indem der grobe Mensch so sprach, machte er Miene, seine Frau zu umarmen.

Matthäa wich zurück.

Wie entsetzlich ist in der That die Ehe, wo nie Liebe zwischen den beiden Gatten stattfand und sie nicht durch das süße Band Eines kleinen Wesens vereinigt sind, das sie gemeinschaftlich zu lieben und zu erziehen haben!

Matthäa fühlte dies in diesem Augenblicke und litt unendlich dadurch; ein unbesieglicher Widerwille ließ sie die Versöhnung noch schlimmer erscheinen, als die Beleidigung. Sie eilte nach ihrem Zimmer, während ihr Mann sagte, sie sei ein albernes und mürrisches Weib.

Am Morgen stand sie traurig und mit gebrochenem Herzen auf; sie ging nach dem Pachthofe. Als sie die

Küchlein betrachtete, die kärglich genährt und nur in geringer Menge vorhanden waren, sagte sie zu sich selbst:

„Mein Mann hat Recht; es geht hier schlecht. Ich thäte vielleicht besser, für die Hühner und Enten zu sorgen, als zu lesen oder seidene Möbel zu sticken. Mein Gemüth war ruhiger, als ich nicht so oft in das Schloß ging. Ja, aber damals — damals hatte ich an meinem Kind eine unerschöpfliche Quelle des Glückes, des Trostes, während ich jetzt nichts mehr habe — nichts!"

Und das arme Weib brach in Thränen aus.

Verwundert fragte die Pächterin, ob sie litte.

„Ja," sagte Matthäa, die beinahe erstickte, und sich darauf beeilte, nach Hause zurückzukehren.

Den ganzen Tag über beschäftigte sie sich nur mit ihrer Hauswirthschaft und ging nicht auf das Schloß. Am nächsten Tage schickten ihre Freundinnen den Baron ab, um sich nach ihr zu erkundigen und zu erfahren, weshalb man sie seit zwei Tagen nicht gesehen hätte.

Als der Oberst kam, saß Matthäa in einer Laube von Rosen und Geisblatt im Hintergrunde ihres kleinen Gartens, der sehr wohl gepflegt war und in welchem Salat und Rüben sich mit Jasmin mischten. Sie hielt eine Arbeit in der Hand und auf einem Steintische vor ihr lag das letzte Buch, welches Léonel ihr geliehen hatte. Zwei flüchtige Thränen rannen über ihre Wangen. Bei dem Erscheinen des Barons eilte sie, dieselben zu trocknen, doch nicht schnell genug, um es unbemerkt von ihm thun zu können; überdies bewahrte sie in ihrer Stimme das leise Zittern, welches eine überwundene Aufregung verrieth.

Léonel sprach den Grund seines Besuches aus; er erwähnte besonders die Besorgniß Maria's. Das junge

Mädchen war etwas leidend und hatte Léonel beauftragt, ihre Freundin zu ihr zu bringen.

„Das theure, theure Kind!" rief Matthäa und der Aufregung ihres Herzens folgend, eilte sie, ihren Hut, ihren Sonnenschirm zu ergreifen und machte sich auf den Weg. Léonel bot ihr den Arm, den sie annahm; ihre Hand zitterte, indem sie dieselbe in den Arm des Barons legte.

Einige Minuten gingen sie so schweigend neben einander her.

„Sie sind seit Ihrer Ankunft traurig," sagte endlich Matthäa; im letzten Frühjahr verließ ich Sie nicht so."

„Ich sagte mir dasselbe in Beziehung auf Sie," entgegnete Léonel.

„O, bei mir ist die Traurigkeit ein gewöhnlicher Zustand; mein Schmerz mildert sich zuweilen, doch nie schläft er ganz ein."

„Arme Frau," sagte Léonel, der leise den Arm Matthäa's drückte, indem er sich ihres grausamen Verlustes und ihrer häuslichen Sorgen erinnerte, die er seit der Zeit errathen, seit welcher er sie näher kannte.

Matthäa blieb einige Augenblicke stumm.

„Sie haben meine Frage nicht beantwortet," sagte sie endlich.

„Meine Traurigkeit ist nicht so zu erklären, wie die Ihrige. Ich fühle sie, doch ich müßte sie nicht auszusprechen."

„Das ist sonderbar," dachte Matthäa," auch ich fühle eine neue und geheime Traurigkeit, die ich nicht zu erklären im Stande bin."

Sie kamen nach dem Schlosse, Matthäa fand unter der Vorhalle Louise und die Gräfin. Sie dankte ihnen für ihre liebevolle Sorgfalt und schob ihre Abwesenheit auf eine Vermehrung häuslicher Geschäfte. Dann ging sie zu Maria hinauf.

Das junge Mädchen, welches sich von seinem Unwohlsein erholt hatte, war eben aufgestanden; es fiel seiner Freundin um den Hals, und sorgfältig die Thür des Zimmers schließend, sagte sie:

„Ach, liebe kleine Tante, wie glücklich bin ich! Ich habe Ihnen ein großes Geheimniß mitzutheilen. Setzen Sie ihre ganze Beredtsamkeit in Bereitschaft, denn Sie werden in kurzer Zeit für mich zu sprechen haben. Allein für den Augenblick muß Mama noch nichts ahnen."

„Ich lausche auf das große Geheimniß," sagte Matthäa lächelnd, indem sie sich der verschiedenen Geheimnisse erinnerte, bei denen sie bereits siegreich für das Mädchen gefochten hatte.

Es war erst die Erlaubniß, auf den Ball zu gehen und dann in die Reitbahn; später den Besitz eines hübschen kleinen isabellenfarbigen Pony's, darauf wieder die Erlaubniß, ein langes Kleid zu tragen und sich wie ein großes Mädchen zu kleiden, das man doch schon war u. s. w. u. s. w.

„Sie wissen ohne Zweifel, kleine Tante," sagte das junge Mädchen; — aber plötzlich hielt Maria erröthend und verlegen inne. „Ei," sagte sie, „das ist sonderbar; ich wage nichts mehr zu sprechen und gleichwohl träume ich seit gestern nur von dem Augenblick, Ihnen mein Geheimniß anzuvertrauen."

So ist also die Sache wohl sehr schwer zu erlangen?"

„Das glaube ich nicht; übrigens haben wir hinlänglich Zeit daran zu denken."

Nach einem kurzen Schweigen, während dessen das

junge Mädchen eine Anstrengung zu machen schien, um zu sprechen, näherte sie sich Matthäa noch mehr, schlang ihr liebevoll den Arm um den Hals und sagte mit aufgeregter Stimme und sehr hastig:

„Kleine Tante, Gustav liebt mich! Er hat gestern gesagt: Er will mich heirathen."

„Gustav! Wer ist Gustav?" sagte Matthäa ganz verwirrt durch diese unerwartete Vertraulichkeit.

„Mein Vetter, der schönste unter allen meinen Vettern," entgegnete hastig das junge Mädchen.

„So! — Und Sie Maria?"

„Ich?"

„Lieben Sie ihn?"

Das junge Mädchen ließ ihre Arme, die noch um den Hals ihrer Freundin geschlungen waren, herabfallen, faltete die Hände, erhob die Augen mit einem Ausdrucke der Rührung und der Leidenschaft, und sagte:

„O, von ganzem Herzen!"

Dann verbarg sie ihr reizendes Gesicht in den Händen und einen Augenblick darauf zeigte sie es wieder, benetzt von Thränen, doch lachend und heiter unter den Thränen.

„Ach," sagte sie, „wie lächerlich ich doch diesen Morgen bin! Ich möchte zugleich lachen und weinen!"

Es entstand in diesem Augenblick in dem Herzen ein harter Kampf zwischen dem Kinde vom vorhergehenden Tage und dem jungen Weibe vom heutigen, welches schon in ihr Herz den spitzen Pfeil der Liebe eindringen fühlte.

So süß auch die Wunde ist, wird sie doch stets von einigen Thränen begleitet.

Das Kind gewann zuletzt wieder die Oberhand, um Matthäa mit bewunderungswürdiger Unbefangenheit die geringsten Einzelnheiten ihres ersten Zusammentreffens mit dem Geliebten zu gestehen.

Die Geliebten von 15 und 17 Jahren hatten ihr Eheversprechen mit einem Kuß besiegelt, dessen Aufregung beide augenblicklich in die Flucht trieb, Maria gegen die Mauer des Gartens, von woher sie gekommen war, Gustav gegen die Straße, wo sein Pferd wartete, auf welchem er eine Stunde im gestreckten Galopp zurückgelegt hatte, um zuerst bei dem Rendezvous einzutreffen.

Das junge Mädchen war geflohen, den Augenblick darauf wieder zurückgekehrt und hinter dem Gebüsch ver= steckt, hatte es das Gesicht ihres Vetters erspäht.

„Ach, wie glücklich sah er aus, kleine Tante!" rief Maria mit einem unaussprechlichen Ausdruck des Glückes.

Matthäa hörte diese vertrauten Mittheilungen mit der lebhaftesten Theilnahme an und verschlang dabei Maria mit den Augen. Die Thränen der Freude und die Aus= brüche der Leidenschaft, welche den Lippen des jungen Mädchen entschlüpften, verwunderten und entzückten zugleich ihre Freundin.

„Vielleicht," sagte sie zu sich selbst, „sollte ich dieser Unbesonnenheit des unbefangenen Kindes zürnen, ihm wenigstens einige Vorstellungen machen, aber ich habe den Muth nicht dazu. Weshalb sollte ich die Freude dieses schönen Tages trüben? Vielleicht liegt in solchen Gefühlen keine Gefahr. — Nein, nein, die Schlange verbirgt sich nicht unter diesen Blumen, ihr Duft der Unschuld würde sie tödten!"

Dann konnte Matthäa sich nicht enthalten, einen Blick auf sich selbst zu werfen. Welcher Unterschied zwischen ihr und Maria! Zwischen der Ehe, welche das junge Mädchen erwartete und der, welche Matthäa geschlossen hatte!

„Nun, Sie sind stumm, kleine Tante?" fragte Maria.

„Ich dachte an die Mittel, die Zustimmung der Gräfin zu dieser Heirath zu gewinnen, die sehr frühzeitig ist."

„Nein, nein, sprechen Sie nicht davon. Man würde mir sagen, daß ich zu anmaßend wäre, oder man würde mich vielleicht auch hindern, Gustav zu sehen. Ich will sechs Monate lang sehr vernünftig sein; ich will alle meine Spielsachen fortlegen, aufmerksam auf den Unterricht meiner Lehrer hören und ganz allein lernen; genug, ich will zeigen, daß ich wohl geeignet bin, zu heirathen."

„Wie innig sie liebt! und wie schön die Liebe ist!" sagte Matthäa, schwerathmend vor Aufregung zu sich selbst.

Und statt dem jungen Mädchen zu zürnen, wie sie vielleicht gesollt hätte, preßte sie ihre Lippen auf die Stirn Maria's und ließ sie längere Zeit auf derselben ruhen.

„Seit wann lieben Sie denn so?" sagte sie.

„Ach, ich glaube seit immer," entgegnete das junge Mädchen unbefangen; „aber seit gestern mehr oder wenigstens auf eine andere Art wie früher. Als Kinder spielten wir mit einander und Gustav vertheidigte mich, wenn mein Bruder mich neckte. Später hatten wir dieselben Lehrer; mein Vetter war aufmerksamer, fleißiger als ich; hatte ich den Unterricht nicht gut verstanden oder nicht gehörig angehört, so erklärte er ihn mir in den Erholungsstunden, so gut, daß ich in drei Minuten begriff, was der Lehrer binnen zwei Stunden gesagt hatte. Seit sechs Monaten war Gustav traurig und nachdenkend; fragte ich ihn nach der Ursache seines Kummers, so antwortete er mir, daß ich ihn nicht liebte; ich machte mich lustig über ihn; er wurde noch trauriger als zuvor, verließ mich sogleich und schmollte zuweilen eine ganze Woche lang. Gestern endlich schrieb er mir und sagte, daß er mir seit längerer Zeit schon etwas sehr Wichtiges mitzutheilen hätte, daß er aber, da es ihm nie gelingen wollte, mich allein zu sprechen, mich beschwöre, früh Morgens in das kleine Gehölz hinter der Parkmauer zu kommen. Ich lief dorthin, sehr neugierig, zu erfahren, was er mir mitzutheilen hätte. Als er mich lachend und heiter ankommen sah, in der Hand mein unzertrennliches Schmetterlingsnetz haltend, riß er mir es beinahe gewaltsam aus der Hand und sagte mit Thränen in den Augen:

„Ach, Marie, wirst Du denn immer nur ein Kind bleiben?"

„Ich weiß nicht, weshalb ich ganz ergriffen wurde, als ich das hörte; ich empfand keine Lust mehr, zu lachen, noch über ihn zu spotten; im Gegentheil, ich war traurig, und meine Traurigkeit steigerte sich noch, als ich bemerkte, daß ich die unbesonnene Ursache seines Kummers sei. Sie wissen jetzt Alles, kleine Tante. Ich will nur noch hinzufügen, daß ich seit gestern einen Muth und eine Kraft fühle, die ich mir selbst bisher nicht zutraute und mit deren Hülfe ich alle Hindernisse besiegen werde. Lieber will ich jedes Opfer bringen als auf Gustav verzichten."

Die Unterhaltung Matthäa's und Maria's hatte schon lange gedauert. Man kam, dem jungen Mädchen mitzutheilen, daß ihr Musiklehrer auf sie wartete; sie begleitete ihre Freundin bis zu dem Gitterthore und umarmte sie dann noch einmal, indem sie ihr sagte:

„Ach, wie fleißig will ich sechs Monate lang stubiren!"

Matthäa ging nachdenkend vor sich hin, als sie hinter

der letzten Hecke plötzlich Léonel herantreten sah. Sie machte eine Bewegung der Ueberraschung.

„Sie hier!" sagte sie. „Wie kommt das?"

Etwas verwirrt sagte er:

„Ich ging vor dem Hause auf und nieder; ich bemerkte Sie mit Maria, und um nicht das Ende einer Unterhaltung zu unterbrechen, welche, wenn ich nach der Belebtheit Ihrer Züge urtheilen darf, sehr interessant war, flüchtete ich mich hierher. Erlauben Sie mir Ihnen zur Rückkehr meinen Arm zu bieten?"

„Sehr gern!" sagte Matthäa entzückt über diesen Vorschlag.

Während des Weges machte Léonel Matthäa darauf aufmerksam, wie sehr ihre Unterhaltung mit Maria sie verändert hätte; sie hatte keine Thränen mehr in den Augen, keinen Trübsinn mehr in den Zügen ihres Gesichts.

„Man sagt, Sie sind Ihre Vertraute und selbst Ihr Beichtiger," fügte er scherzend hinzu, „denn sie theilt Ihnen Ihre geringsten Gedanken mit."

Matthäa lächelte statt einer Antwort.

Der Baron, welcher verstohlen die Physiognomie der jungen Frau prüfte, fuhr in demselben scherzenden Tone fort:

„Die Gräfin sagte neulich: Matthäa muß ein sehr schlechter Beichtvater sein, denn sie liebt dieses Kind so sehr, daß sie ihre Fehler nicht sieht oder sie doch alle entschuldigt!"

„Ihre Fehler?" entgegnete Matthäa. Hat sie dergleichen? Fehler? Begeht sie welche? O nein, nein, nein! Sie ist ein unbefangenes allerliebstes Kind, welches das Böse nicht kennt und es von sich weisen würde, wenn sie es kennte. Der Mann, der sie zur Frau bekommt, wird sehr glücklich sein, die Versicherung gebe ich Ihnen."

Als Matthäa diese Worte beendigte, trat sie in ihren Garten ein und reichte Léonel zum Zeichen des Abschiedes die Hand.

Der Baron drückte diese Hand stärker als gewöhnlich, und indem er sich entfernte, sah er Matthäa mit gerührtem und dankbarem Ausdrucke nach. Aber kaum hatte er sich entfernt, als die junge Frau in ihrer Seele die Verwirrung und die Gedanken des vorhergehenden Tages neu erwachen fühlte.

„Mein Gott, was ist mir denn?" fragte sie sich selbst. „Was bedeutet diese Unruhe, dieser Schmerz und diese Freude, die einander so schnell folgen. Ich bin traurig und dennoch glücklich!"

Während des Abends rief sie ihrem Gedächtniß alle die köstlichen Vertraulichkeiten des jungen Mädchens zurück. Darauf schlief sie mit thränenfeuchten Augen ein. Sie träumte die ganze Nacht hindurch von süßen und schüchternen Küssen, von Umarmungen, von Händedrücken; die beiden Köpfe Gustav's und Maria's erschienen ihr vereinigt, und wechselsweise trat an deren Stelle das Gesicht Léonel's, gerührt und dankbar, wie es gewesen war, als er ihr die Hand drückte.

Matthäa erwachte und hatte ihren Traum kaum vergessen, als der Gärtner ihr zu sagen kam, daß unten Einer von den Herren aus dem Schlosse sei, der mit ihr zu sprechen wünschte.

„Welcher?"

„Ich weiß es nicht," erwiderte der Gärtner.

„Der Größere?" fragte Matthäa weiter, welche in

diesem Augenblicke gern wie Maria, wenn sie von Gustav sprach, gefragt hätte: „der Schönere?"

„Ja Madame!"

„Was kann er zu dieser Stunde von mir wollen?"

Sie kleidete sich eilig an, ging in den Garten hinaus und trug auf ihrem Gesichte noch die Spuren ihrer Träume und ihrer Gedanken.

„Ich bitte Sie tausend Mal um Verzeihung, daß ich Sie zu dieser Stunde störe," sagte Léonel, verwirrt durch die Eile und die nur zu sichtbare Aufregung Matthäas. „Ich sehe, daß Sie wegen eines so frühen Besuches unruhig sind; allein ich konnte die Bitte Maria's nicht abschlagen, die mich ersuchte, Ihnen dies Billet zu übergeben und ihr so schnell als möglich die Antwort zurückzubringen.

Matthäa öffnete das Billet. Während sie es las, prüfte Léonel verstohlen die Physiognomie der jungen Frau. Er sah sie lachen, eine Bewegung der Zustimmung machen, dann plötzlich erröthen, sich bemühen ihre Aufregung zu verbergen, das Billet wieder zusammen zu falten und es sorgfältig in ihr Leibchen stecken. Dann nahm sie ein Blatt Papier und schrieb darauf die Worte: „In zwei Stunden bin ich auf dem Schlosse." Diese Antwort vertraute sie Léonel an, damit er dieselbe augenblicklich überbringen möchte. Matthäa zog darauf den Brief Maria's hervor und las ihn nochmals aufmerksam durch. Hier ist was er enthielt:

„Man erwartet heute meine Tante mit ihrer ganzen Familie, Gustav wird auch dabei sein. Kommen Sie, ach kommen Sie ebenfalls, meine gute Mutter. Sie werden ihn sehen, Sie werden mit uns spazieren gehen,

— ach, verweigern Sie mir nicht diese Bitte, kleine, liebe Mama."

(Die verschlagene Geliebte wußte, daß diese Worte unwiderstehlich waren und daß sie eine unbedingte Macht über den Geist und das Herz ihrer armen Freundin ausübten.)

„Ich wähle den Baron zum Boten. Das ist sehr großmüthig von mir, denn ich habe es höchst eilig, Ihre Antwort zu lesen und ergreife dazu nicht das richtige Mittel. Spricht er mit Ihnen, so kommt er nie zu Ende. Allein um ihn mir für heute günstig zu stimmen, wollte ich ihm ein Vergnügen verschaffen. Es ist Schade, daß sie nicht den Eifer sahen, mit welchem er meinen Vorschlag annahm!"

Dieser Theil von dem Billet Maria's war es, über welchen Matthäa bei dem ersten Lesen erröthete und der ihr bei der zweiten Durchlesung eine noch viel größere Aufregung verursachte.

„Ist das ein Scherz des neckischen Kindes!" fragte sie sich, oder denkt Maria, was sie schrieb? Sollte sie Etwas haben sprechen hören? Schon zum zweiten Male äußert sie sich so gegen mich. Sollte Léonel ihr irgend eine vertraute Mittheilung gemacht haben?"

Bei diesem Gedanken strömte das Blut Matthäa's zu ihrem Herzen zurück. „Eine vertraute Mittheilung, wovon?" sagte sie sich, indem sie versuchte, ihre Gedanken zu verbannen. Vergebens, ein neues und köstliches Gefühl hatte sich in ihre Seele geschlichen, bemächtigte sich derselben und erweckte in ihr ein Beben des Glückes.

Das war die Hoffnung!

„O, ich muß Maria befragen, ich muß noch heute erfahren, was damit ist!"

Leicht und glücklich traf Matthäa ihre häuslichen Anstalten, damit ihr Mann während ihrer Abwesenheit sich über nichts zu beklagen haben sollte, dann machte sie ein wenig Toilette und entfloh nach dem Schlosse.

Der Tag verfloß, wie Maria es gewünscht hatte. Die Aeltern blieben unter dem Schatten; Maria und ihre Vettern wollten durch die Gebüsche schweifen. Man bat Matthäa um ihre Begleitung, und der Baron erbot sich, mitzugehen. Der Bruder Gustav's war in das Vertrauen gezogen; bald fand er einen Vorwand, um die Gesellschaft zu verlassen; und der junge Liebhaber bot seiner Cousine den Arm und ging mit ihr voraus. Ohne sie aus den Augen zu verlieren ging Matthäa in einiger Entfernung hinter ihnen her, ihren Arm auf den Léonel's gelegt, den die Artigkeit genöthigt hatte, dem Beispiele Gustav's zu folgen.

Matthäa betrachtete lange das schöne Kind, das mit seinem Cousin flüsterte und mit vollen Athemzügen die Luft des Glückes einsog, welche um sie her wehte.

Anfangs suchte sich die junge Frau vorzustellen, wie ungeheuer diese Freude sein mußte; dann begriff sie dieselbe und endlich fühlte sie sie selbst. Nun lehnte sie sich und ohne es zu bemerken, stärker auf den Arm Léonel's, verkürzte ihren Schritt und schloß in köstlicher Extase die Augen.

Ach, wie schön, wie schön die Wälder waren! Wie wohl es in diesem Augenblicke that, sich in ihnen zu befinden! Vier Herzen klopften unter dem Schatten zu gleicher Zeit in demselben Gefühle. Wer hätte nicht hier wandeln mögen, um die Seele auf diesem glühenden Herde zu erwärmen?

Matthäa war so sehr in ihre Gedanken versunken, daß sie die Zerstreutheit und die Traurigkeit des Barons nicht bemerkte. Ihr Herz klopfte, sie lauschte auf dasselbe und glaubte auch das Léonel's schlagen zu hören.

Bei der Rückkehr von dem Spaziergange wurde Matthäa so lebhaft durch die Familie T.... gebeten, zum Essen zu bleiben, daß sie die Einladung annehmen und ihrem Manne sagen lassen mußte, er möchte sie nicht erwarten.

Nach dem Essen befand sie sich einen Augenblick allein auf der Terasse mit Maria, welche ihr sogleich zärtlich die Hand drückte.

"Ach, Matthäa, sagte sie," dieser Tag ist der glücklichste meines Lebens. Er liebt mich so sehr! Ich bin recht glücklich! Allein nimmermehr können wir sechs Monate warten! Ich zähle auf Sie, nicht wahr?

Matthäa machte eine bejahende Bewegung, denn sie war zu gerührt, um antworten zu können. Auch sie war glücklich, aber auch sie hätte Maria befragen mögen, aber wie sollte sie das anfangen? Das schelmische Kind bot ihr schließlich dazu die Gelegenheit.

"Und Ihr Baron?" sagte sie, was hat der während unseres Spazierganges gemacht? Ich wette, daß er seine Zeit dazu benutzte, Ihnen alle die gelehrten Namen der Pflanzen und Hölzer zu nennen und mit seinem Latein die reizenden weißen und blauen Blumen, die unsern ganzen Weg zu würzen schienen, zu entpoetisiren. "Gustav hat es viel besser gemacht," fügte sie mit dem glücklichsten Lächeln dann hinzu; "er pflückte diese Blumen, um mir daraus ein Bouquet zu machen, welches hier auf meinem Herzen ruht und das ich mein ganzes Leben lang als Erinnerung an diesen schönen Tag bewahren werde."

Matthäa sah mit einem Auge, das von Verlangen erfüllt war, nach dem Platze, an welchem das Bouquet Gustav's ruhte. Was hätte sie nicht dafür gegeben, auch einige Blumen zum Aufbewahren zu haben? Sie bemühte sich, zu scherzen, um die gute Gelegenheit nicht zu verlieren, die sie seit mehreren Tagen suchte. „Mein Baron?" sagte sie! „mein Baron? was soll denn das bedeuten?"

„Das bedeutet," erwiderte Maria heiter, „daß nach der Meinung aller Welt der Oberst mit meiner kleinen Tante sehr beschäftigt ist, seit er uns Alle unbedeutend eitel und kokett findet und daß Madame Matthäa allein in seinen Augen verständig, bescheiden, tugendhaft und geistreich ist. Ueberdies ist der arme Oberst, der seit einiger Zeit traurig und unruhig ist, wie eine büßende Seele, augenblicklich wieder heiter und ruhig, sobald meine kleine Tante erscheint. Er folgt ihr, begleitet sie nach Hause, wartet auf sie hinter den Hecken. Ich hörte gestern Louise zu ihrem Manne sagen: „es bleibt kein Zweifel mehr, daß mein armer Bruder verliebt ist. In wen sollte er denn verliebt sein?" fügte das junge Mädchen hinzu. „Niemand sagt es, aber alle Welt denkt es."

Und ihre kleine Rede, die sie in halb ernstem, halb scherzendem Tone gehalten hatte, beendigend, küßte sie ihre Freundin auf die Stirne.

Das Herz Matthäa's klopfte, als wollte es ihr die Brust sprengen; zufällig hatten ihre Augen sich gen Himmel gewendet, als Maria die Worte aussprach: „Es läßt sich nicht mehr bezweifeln, daß Léonel verliebt ist;".

es schien ihr, als öffne sich der Himmel und um Ströme des Glückes auf sie herabstürzen zu lassen. Ihr Name und der Léonel's erschienen ihr in einander verschlungen und von glänzenden Strahlen umgeben. Sie mußte diese Freude verhehlen und Gleichgiltigkeit erheucheln. Matthäa senkte daher die Augen und zuckte leise mit den Achseln, was Maria für eine verneinende Antwort auslegte.

„O, wir wissen wohl, kleine Tante, daß die ganze Wissenschaft des armen Barons unzureichend ist, um die Thür ihres Herzens zu öffnen; er weiß dies übrigens auch selbst, und das ist es vielleicht, was ihn so traurig macht! So viel steht fest, daß er seit einigen Tagen ganz unkenntlich ist."

Léonel unterbrach gerade in diesem Augenblicke das Alleinsein der beiden Frauenzimmer, um ihnen Erfrischungen anzubieten, die im Salon herumgereicht wurden.

„Aber sehen Sie doch, Matthäa," sagte das junge Mädchen lachend, indem sie einen Löffel mit Himbeereis an den Mund führte, „sehen Sie doch, wie aufmerksam der Baron ist, wie er an uns denkt."

Dann ohne Umstände ihren Arm in den Léonel's schiebend, kehrte sie mit ihm nach dem Salon zurück, neckte ihn über seine Zerstreutheit durch indirecte Anspielungen, die er nicht zu verstehen schien die Matthäa aber hörte, durch die sie beunruhigt wurde und die der armen Frau Leiden bereiteten.

Während des Abends lag in der Stimme, in den Bewegungen Léonel's etwas trauriges, gerührtes, vollkommen geeignet, um Maria in ihrem Verdacht und Matthäa in ihrer geheimen Hoffnung zu bestärken.

Matthäa entfernte sich vor Anbruch der Nacht, sie verschwand, ohne von irgend Jemand Abschied zu nehmen. Sie fühlte das Bedürfniß vollkommen allein zu sein, um ungestört die Freude zu genießen, die ihr Herz erfüllte.

Als sie nach Hause kam, fand sie ihren Mann in dem Garten, seine Pfeife rauchend. Der Braten war angebrannt gewesen und er befand sich in der abscheulichsten Laune.

„He, Sie sind es Madame!" sagte er. „Sie könnten eben so gut Ihre Sachen zusammenpacken und Ihre Wohnung bei der Gräfin in der Eigenschaft als Gouvernante des Fräuleins von T... nehmen; den Gehalt, den Sie erhielten, würde wenigstens dazu bienen, die übermäßigen Ausgaben für Ihre Toilette zu bestreiten; hier ist eine Rechnung, die Sie an mich haben richten lassen, in der Hoffnung, daß ich Sie bezahlen würde!"

Er hielt in der Hand ein Papier, welches er Matthäa reichte. „Sehen Sie doch," fuhr er dann fort, „650 Francs für Mousselin, Bänder und unnöthige Kinderlitzchen, die Sie täglich Ihrer Toilette hinzufügen, 650 Francs in zwei Monaten! Das ist Wahnsinn!"

Matthäa hätte ihrem Manne antworten können daß sie ihm 15000 Frs. Renten mitgebracht hatte, von denen sie höchstens 1200 Frs. jährlich für sich brauchte. Sie hätte die Bezahlung einer Rechnung von 600 Francs banach auch fordern dürfen. Allein in diesem Augenblicke waren die groben Redensarten ihres Mannes ihr sehr gleichgiltig; sie nahm voll Sanftmuth die Rechnung, versicherte, daß sie in wenigen Tagen bezahlt werden sollte, und ging dann nach ihrem Zimmer hinauf, um sich dem Strome ihrer Gedanken zu überlassen.

Die drei Wochen, welche nun folgten, waren drei Wochen des Entzückens für Matthäa. Sie liebte und hielt sich für geliebt; sie lebte in einer phantastischen Welt, bevölkert durch die glänzendsten Chimären. In dieser Welt war Alles für sie neu. Sie sank von Ueberraschung zu Ueberraschung, und staunte, mit dreißig Jahren sich eben so kindlich, eben so heiter zu fühlen, wie Maria mit fünfzehn.

Ihre Gedanken wandten sich unabläßig auf Léonel und legten alle Handlungen desselben günstig für sich aus. War er heiter, so rührte es von dem Vergnügen her, sie zu sehen; war er traurig, so kam das von der Besorgniß, von der Furcht, nicht geliebt zu sein. Begegnete sie ihm auf ihren Wegen, so trieb die Hoffnung, das Verlangen ihr ihn entgegen. Sah sie ihn nicht, so entfernte die Furcht, sich zu verrathen, ihn von ihr.

Eines Morgens, als der Mann Matthäas durch irgend eine wichtige Angelegenheit nach der Stadt gerufen worden war, und den ganzen Tag abwesend bleiben sollte, nahm die junge Frau sich vor, den ganzen Tag mit Léonel und Maria zuzubringen.

Heiter brach sie auf, geschmückt mit ihrer hübschesten Toilette, eines jener muntern Liebchen trällernd, mit welchen sie ehedem die kleine Maria unterhielt und die sie seit dem Tode des Kindes nie mehr gesungen hatte.

Es war früher wie gewöhnlich und die Reihe der Weiden wurden voll von den Strahlen der aufgehenden Sonne beschienen. Matthäa schlug daher einen andern Fußpfad ein, der zwar länger aber schattiger war, und an der Umhegung des Parkes hinführte. Diese Umhegung war, wie wir erwähnten, in einzelnen Punkten weiter nichts als ein dichtes Gebüsch von Weißdorn und Hagebuchen, aus deren Mitte sich große Bäume erhoben. Matthäa ging an der Hecke hin, um das Gitterthor zu erreichen, als es ihr schien, wie wenn sie auf der andern Seite des Gebüsches die Stimme Léonels hörte; sie blieb durch eine unwillkürliche Kraft festgehalten stehen.

„Und wenn es so wäre," sagte Léonel, „würden Sie mich denn sehr strafbar, sehr kühn finden?"

„Ei," entgegnete die Gräfin T..., „es kommt mir nicht zu, mein lieber Léonel, über Sie zu urtheilen und noch weniger Sie zu tadeln."

„O, ich weiß, daß Sie die Nachsicht selbst sind, Gräfin, und ich empfing mehr als einmal besondere Beweise Ihres Wohlwollens für mich; allein bei dieser Gelegenheit und ehe Sie in meinem Herzen die leiseste Hoffnung lassen, müssen Sie mir Ihre Gedanken unverhohlen sagen, da Sie einmal mein Geheimniß errathen haben."

Matthäa's Herz klopfte gewaltig. „Mein Gott, was werde ich hören!" sagte sie sich selbst. „Besser ist es, ich entferne mich!" Aber sie fühlte wie Blei in ihren Füßen und konnte keinen Schritt thun. Ihr Sonnenschirm glitt zur Erde. Sie verbarg das Gesicht in die Hände und wartete mit unbeschreiblicher Angst.

„Was Sie von mir verlangen, Léonel, ist sehr schwer zu sagen," entgegnete die Gräfin. „Wie können Sie verlangen, daß ich ein Urtheil sprechen soll? Wenn ich Sie table, wenn ich Sie zu entmuthigen suche, werden Sie mich ungerecht und grausam finden und mit gutem Grunde sagen, daß ich auch nicht wissen könne, da ich keine vertraute Mittheilung empfangen habe, was in dem Herzen einer andern Person vorgehe. Sie aber zu ermuthigen — offen ge=

sprochen — kann ich das? Ueberdies bin ich in dergleichen Dingen ein schlechter Richter."

„Aber Sie sehen sie beständig; Sie müssen ihre Gedanken kennen oder mindestens errathen haben."

„Vielleicht wohl; sie aber auszusprechen, mein Freund, das ist etwas ganz anderes."

„In jedem andern Falle gebe ich dies zu; aber eine Mutter in dem Interesse ihres Kindes!"...

„Eine Mutter! Was sagen Sie, Freund! Von wem sprechen Sie denn?"

„Von Marie, von Ihrer Tochter, die ich liebe, die ich mit einer Leidenschaft anbete, welche mir keine Ruhe mehr läßt. Woher denn Ihr Staunen? Hatten Sie mich denn nicht begriffen?"

„Nein, wahrlich nicht," erwiderte die Gräfin verlegen und gerührt.

„Allein um wen glaubten Sie denn, daß es sich handelte?"

„Um — um —"

„Sprechen Sie!"

„Nun wohl, ich hatte Ihre Aufmerksamkeiten gegen unsere Nachbarin bemerkt."

„Gegen Matthäa?" rief Léonel mit einem Ausdruck der Verwunderung und des Vorwurfs, welcher das Herz der armen Frau durchbohren mußte, „gegen Matthäa!" wiederholte er, als ob er hätte sagen wollen: „gegen diese abscheuliche Matthäa?" „Ach Gräfin, wie konnten Sie glauben, daß sie mir Liebe einflößt? Wenn ich lausche, wenn ich sie mit Vergnügen aufsuche, so kommt dies daher, weil sie die Freundin, die Vertraute Mariens ist, welche beständig Gutes von dieser spricht, und weil es so süß ist, das Lob der Geliebten zu vernehmen!"

Matthäa war niedergesunken; ihre zitternden Beine vermochten sie nicht mehr zu halten, aber sie hatte nicht den Trost, ohnmächtig zu werden, und verlor kein Wort von der verhängnißvollen Unterhaltung.

Die Gräfin und Léonel verließen den Platz, den sie bisher dicht an der Hecke inne gehabt hatten. Matthäa vernahm noch einige Augenblicke den Klang ihrer Stimme, allein ohne ihre Worte verstehen zu können. Nach und nach hörte sie nichts mehr, als den unter den Schritten der sich Entfernenden kreischenden Sand.

Als Alles wieder in Schweigen versunken war, als das bis dahin so schmerzlich zusammengezogene Herz Matthäa's sich endlich wieder erweiterte, weinte sie, aber ohne deshalb Trost zu empfinden. Sie vergoß jene bitteren, brennenden Thränen, welche das Herz in Dunkelheit hüllen und das Bett der Schmerzen noch tiefer zu graben scheinen. Und in dem Mittelpunkte dieser Finsterniß stieg für sie ein Licht empor, aber dunkel, verhängnißvoll. Häßlich! Das war das Wort, welches bei ihrem Anblicke in feurigen Buchstaben erschien.

Seine eigene Häßlichkeit kennen, das heißt, zu wissen, daß man Herz und Geist mit allen Eigenschaften erfüllt besitzt, welche die Entzückungen der Liebe bilden, und daß über diese Schätze sich ein dichter Schleier breitet, den Niemand jemals zu lüften wagt! Welch' eine Geißel! — Glückliche Unwissenheit Matthäa's, weshalb entflohest Du, weshalb verwandeltest Du in einen Tag der Trauer eben diesen Tag, von dem die arme Frau sich so viel Freude versprochen hatte!

„O meine Tochter! mein süßes Kind!" sagte sie, „wie sehr hatte ich Recht, für Dich die Häßlichkeit zu fürchten! Ach, und Du hast wohl daran gethan, zu sterben, wenn Du eines Tages mir gleichen und das leiden solltest, was ich in diesem Augenblicke leide!"

Dann blieb sie allein, matt auf dem Grase liegend, ohne daran zu denken, sich zu erheben.

An was dachte sie? — An nichts! — Sie litt, wie Seelen dieser Art leiden, ohne jene bittere Wollust des Schmerzes, ohne jene heftigen, leidenschaftlichen, murrenden, verwünschenden Aufregungen, welche das Leiden ablenken. Sie verharrte in einer Erschöpfung, einer vollständigen Vernichtung, in einem Zustande des Todes, ohne die Wohlthat der Ruhe.

Langsam stand sie endlich wieder auf, wollte nach Hause zurückkehren und folgte dennoch unwillkürlich dem Wege nach dem Schlosse. Bald erblickte sie sich zwei Schritt von dem Gitterthore entfernt, an welchem Léonel mehr als einmal gestanden hatte, ihre Ankunft zu erwarten, oder ihr bei der Rückkehr seinen Arm zu bieten.

Hier fand sie Louise, die sie von fern bemerkt hatte und die ihr entgegen gekommen war.

„Guten Tag, Matthäa," sagte sie. „Was haben Sie denn mit Maria gemacht?"

„Maria!" dieser Name, bisher so süß für das Herz Matthäa's, erklang plötzlich in ihren Ohren wie ein Mißton. „Maria! — Maria! — Wer ist Maria!" wiederholte sie gegen sich selbst mit einer Art von Geistesverwirrung, welche sie Louisen gegenüber stumm machte.

„Nun," entgegnete die junge Frau beunruhigt durch

dieses Schweigen, „was giebt es denn? Ist meiner Schwä=
gerin irgend ein Unglück zugestoßen? Ist sie nicht zu Ihnen
gegangen?"

„Ja, ohne Zweifel — sie ist — sie wird bei mir sein,"
stammelte Matthäa. „Aber ich bin sehr früh ausgegangen
und wahrscheinlich erwartet sie mich im Garten. Ich eile,
sie zu benachrichtigen, daß Sie sie suchen."

Diesen Vorwand ergreifend, um sich zu entfernen, schritt
Matthäa hastig ihrer Wohnung zu; allein sie hatte noch
nicht hundert Schritte gemacht, als Louise sie zurückrief.
Maria war soeben im Hintergrunde einer Allee des Parks
erschienen. Matthäa mußte also umkehren. Das junge
Mädchen eilte ihr entgegen.

„Ach, kleine Tante, wenn Sie wüßten," sagte sie mit
traurig aufgeregtem Tone, durch die Anwesenheit ihrer
Schwägerin zurückgehalten, stockte sie; aber Thränen stürzten
aus ihren Augen.

Es gab in dem so guten, so uneigennützigen Herzen
Matthäa's Etwas, das stärker war als ihr Schmerz, stärker
als Alles in der Welt, und das war der Anblick der
Schmerzen Anderer. Als sie die Thränen Maria's sah, ver=
gaß sie plötzlich ihre eigenen Leiden, um sich nur noch mit
denen des jungen Mädchens zu beschäftigen.

Die Frühstücksglocke versammelte in diesem Augenblicke
die Familie T..., Matthäa wurde eingeladen, an dem
Mahle Theil zu nehmen. Wohl hätte sie gewünscht, nach
Hause zu gehen; ihr Herz war gebrochen und sie fühlte
wenigstens ebensoviel Verlangen zu weinen, wie Maria.
Sie wollte deshalb die Einladung ablehnen, als eine fle=
hende Geberde des jungen Mädchens sie bewog, dieselbe
ohne Zögern anzunehmen. Sie setzte sich an den Tisch

und schützte ein leises Unwohlsein vor, um keines der Ge=
richte anzurühren.

Das Frühstück war kurz und schweigsam; mit Aus=
nahme des Grafen war Jeder der Anwesenden mit seinen
eigenen Gedanken beschäftigt.

Louise, welcher die Verstörtheit in den Zügen Matthäa's
und die Thränen Maria's aufgefallen waren, betrachtete
mit besorgtem Wesen die Züge Beider.

Léonel wandte seine Blicke nicht von Maria ab, deren
Blässe und Traurigkeit ihn beunruhigten.

Die Gräfin Mutter dachte über das Gespräch nach, wel=
ches sie mit Léonel gehabt hatte, über dessen vertraute Mit=
theilungen, die ihr ebenfalls etwas überspannt vorgekom=
men waren, ihr allmälig aber nicht mehr so erschienen.

Weshalb sollte Maria den Baron nicht heirathen? Er
war zwar zwanzig Jahre älter wie sie, aber beshalb noch nicht
alt; er war ein schöner Mann, reich, verständig, voller
Talente. Weshalb sollte er ihr nicht gefallen?

Matthäa betrachtete verstohlen bald den undankbaren
Léonel und bald noch mehr das junge Mädchen, welches
sie mit andern Augen anzusehen schien, seitdem sie wußte,
das es von dem Baron geliebt wurde. Beeilen wir uns
indeß, zu sagen, daß in diesen Blicken nicht ein Schatten
des Unwillens oder der Eifersucht lag. Im Gegentheil,
Matthäa fühlte in ihrer Seele eine ganz neue Regung
erwachen, traurig und zugleich leidenschaftlich, eine jener
Regungen, deren Ursprung nur das Muttergefühl kennt
und welche macht, daß die Mutter ihre Liebe ganz beson=
ders dem Kinde ihrer Schmerzen widmet.

„Maria, meine sanfte Maria," wiederholte sie in ihrer
Seele, indem sie diesen Namen wieder mit der ganzen Milde,

dem ganzen harmonischen Klange aussprach, den die höchste Qual ihr einen Augenblick geraubt hatte, „meine kleine Maria, wie ich Dich liebe. Verursache mir Leiden, aber sei glücklich!"

Plötzlich jedoch dachte sie an die Liebe des jungen Mädchens für Gustav und erbebte.

„Sie liebt einen Andern!" sagte sie sich — „und Léonel? — er wird also leiden, was ich selbst leide! — O mein Gott, entferne von ihm diesen Becher des Kummers!"

Schweiß netzte ihre Stirn und sie empfand einen unendlichen Schmerz im Herzen.

Erhabenes Dulden! Matthäa, wie groß warst Du in diesem Augenblicke!

Nach dem Frühstück zog Maria, welche das Bedürfniß empfand, ihr junges krankes Herz in das ihrer Freundin auszuschütten, Matthäa mit sich nach ihrem Zimmer, warf sich hier ihr um den Hals und brach in Thränen aus.

„Kleine Tante," sagte sie, „er ist nicht gekommen! Ich habe drei Stunden auf ihn gewartet! — O, er ist krank, davon bin ich überzeugt."

Matthäa bemühte sich zuerst, das junge Mädchen zu beruhigen und zankte sie dann sanft über ihren Unverstand aus. Wozu dieses zweite Rendezvous, da sie jetzt die Liebe Gustav's kannte? Sie mußte Alles aufbieten, um die Einwilligung ihrer Eltern zu ihrer Heirath zu verdienen, dazu aber auch als tugendhaftes Mädchen handeln und jede Gelegenheit fliehen, sich allein mit ihrem Vetter zu befinden.

„Er hat mir geschrieben, daß er mir etwas sehr Ernstes zu sagen hätte," erwiderte Maria, „und das ist wahr, Sie dürfen es glauben, kleine Tante, Gustav hat nie gelogen."

Ein Diener erschien in diesem Augenblicke und meldete

Matthäa, daß die Gräfin Louise und der Graf ihr Gemahl sie bäten, nach dem Salon hinabzukommen.

Maria, durch die Anstrengung und die Besorgnisse des Morgens etwas leidend gemacht, hatte sich auf ihr Bett geworfen. Als sie die Worte des Bedienten hörte, sprang sie auf und wollte um jeden Preis Matthäa folgen.

„Sie haben Nachrichten von Gustav erhalten," sagte sie mit einem Klange der Ueberzeugung, die Matthäa überraschte. „Ich will wissen, was es damit ist."

Matthäa, welche nicht wußte, wie sie Maria von einem Entschlusse abbringen sollte, der den Absichten ihrer Verwandten widersprach, fiel auf den Gedanken, ihr zu sagen, daß es sich vielleicht um ihre Heirath handle, daß die Mutter Gustav's sein Geheimniß entdeckt haben könne und sich nun zu Gunsten ihres Sohnes verwende.

Obgleich diese Annahme unwahrscheinlich war, bedurfte doch Maria so sehr des Trostes, daß sie dieser Hoffnung Zugang zu ihrem Herzen gestattete und sich darein fügte, auf ihrem Zimmer die Rückkehr ihrer Freundin zu erwarten.

Matthäa fand den Grafen und die Gräfin in der höchsten Bestürzung. Ein Eilbote hatte ihnen soeben eine fürchterliche Nachricht gebracht, welche nur zu sehr die Besorgnisse und die Ahnungen Maria's rechtfertigte.

Der unglückliche Gustav hatte ohne Zweifel, um schneller zu dem Rendezvous zu gelangen, aus dem Stalle seines Bruders ein feuriges, sehr scheues Pferd genommen, welches sich überschlagen haben mußte, als er über eine kleine hölzerne Brücke geritten war. Roß und Reiter waren in eine Schlucht gefunden und blutend nach Hause gebracht worden. Der unglückliche junge Mann war eine Stunde darauf in den Armen seiner Mutter gestorben! Louise bat Matthäa, ihr bei der traurigen Verpflichtung Beistand zu leisten, die Gräfin und Marie von dem Ereigniß in Kenntniß zu setzen.

Der Schmerz des jungen Mädchens kannte keine Grenzen; sie stieß herzzerreißendes Geschrei aus und klagte sich an, Ursache an dem Tode ihres Vetters zu sein. Ein heftiges Fieber befiel sie. Während Louise und ihr Gatte die Mutter pflegten, nahm Matthäa ihren Platz an dem Lager Maria's, verließ sie erst, als sie außer Gefahr war und blieb ruhig genug und hinlänglich Herrin ihrer selbst, um nicht ein Geheimniß zu verrathen, welches den Tod des jungen Mannes doppelt gefährlich machte.

So hatte die arme Matthäa nicht die Muße, an ihren eigenen Kummer zu denken und beschäftigte sich ausschließlich mit dem ihrer jungen Freundin. Als sie indeß nach mehreren Tagen der Abwesenheit nach Hause zurückkehrte, waren ihre Züge sehr verändert. Der Kummer hatte ihrem Gesicht seine unvergänglichen Spuren eingeprägt. Ihr Mann bemerkte dies kaum. Sie hatte ihn zu sehr daran gewöhnt, sie traurig und niedergeschlagen zu erblicken. Alle seine Rücksichten gegen sie beschränkten sich darauf, sie nicht weiter zu quälen und bald Alles in dem Grabe zu vergessen, daß er oft mehrere Tage lang kein Wort an sie richtete.

Léonel reiste 14 Tage nach dem betrübenden Ereigniß, welches die ganze Familie seiner Schwester in Trauer gestürzt hatte, ab.

Den Morgen vor seiner Abreise befand er sich allein mit Matthäa, was er seit seiner Unterredung mit der Gräfin sorgfältig vermieden hatte. Er ergriff die Hand der jungen Frau, drückte sie lebhaft und sagte gerührt:

„Sie sind ein edles Herz, eine unvergleichliche Freundin. Gott wird Sie auch für Ihre Anhänglichkeit an diese Familie belohnen."

Matthäa wendet den Kopf ab, um ihre thränenerfüllten Augen zu verbergen. Ach, das einzige Glück, nach dem sie gestrebt hatte, ein Wort, eine heuchelnde Liebe hätte Léonel ihr verleihen können, aber er hatte es verschmäht, dies zu thun!

III.

Im Herbst eben dieses Jahres mußte Matthäa ihre ehemalige Wohnung verlassen und eine neue suchen. Ihr Mann hatte sie bereden wollen, den Winter auf dem Lande zuzubringen, aber der Arzt widersetzte sich dem entschieden. Die Gräfin und Louise schlugen ihr eine Wohnung im Erdgeschoß ihres Hotels vor. Matthäa's Mann nahm begierig dies Anerbieten an, denn die Wohnung war unbestreitbar viel wohlfeiler als alle die, welche er besichtigt hatte.

Matthäa konnte daher in der Stadt selbst ihre gewöhnliche Lebensweise fortsetzen. Die Gesundheit Mariens, welche seit dem Tode ihres Ritters sehr erschüttert war, diente ihr als Vorwand, ihre Traurigkeit zu verdecken und nicht in der Welt zu erscheinen. Ihr Mann ging zuweilen des Abends aus. An solchen Tagen liebte es Marie, Matthäa in ihrem Zimmer zu empfangen, lange mit ihr zu plaudern und an dem Busen derjenigen zu weinen, welche die Vertraute ihrer ersten Liebe gewesen war.

Eines Abends, als Marie längere Zeit von Gustav gesprochen hatte, wendete sie sich plötzlich gegen Matthäa und sagte:

„Und der Baron? Ist er noch immer so eifrig mit

Ihnen beschäftigt, liebe Tante? Mein Kummer nimmt mich so ganz in Anspruch, daß ich nicht mehr daran gedacht habe, ihn zu beobachten."

Matthäa lächelte trübe, schob dann die Haare zurück, welche das Gesicht des jungen Mädchens bedeckten, nahm den reizenden Kopf in beide Hände, betrachtete sie einige Zeit, küßte sie dann auf die Stirn und sagte:

„Der Baron hat sich nie mit mir beschäftigt; ich bin für ihn ungefähr das, was ich für Sie bin, Marie, die Vertraute einer unglücklichen Liebe."

„Wie!" sagte das junge Mädchen; „er hat also auch die Geliebte verloren?"

„Er hat sie nicht verloren — sie liebt ihn nicht!"

„Sie liebt ihn nicht! Aber sie ist nicht todt," entgegnete weinend Marie." „Er kann sie also sehen, hören! Ach, wäre es mir möglich, Gustav aus seinem Grabe erstehen zu machen und dafür seine Liebe zu verlieren, so würde ich nicht zögern. Es muß so viel Trost, so viel Glück darin liegen, die Züge des geliebten Wesens betrachten zu können, den Ton seiner Stimme zu hören, mit dem Auge und den Gedanken seinem Gespräche zu folgen!"

Marie schluchzte; Matthäa ebenfalls. Sie dachte, daß viel Bitterkeit in dem Trost lag, von dem Marie sprach; daß es grausam, selbst sich sagen zu müssen: das ist der Blick, welchen ich liebe und der sich nie auf mich richten wird, das Herz, welches nimmer mit dem meinigen vereint wird, die Stimme, die mich nie ein Wort der Liebe vernehmen lassen wird!"

Ein Bedienter brachte den Thee und meldete, daß der Baron im Salon sei, die Damen T.... hatten gegen ihre Gewohnheit versäumt, ihn von ihrem Ausgang benachrichtigen zu lassen. Maria wollte schon den Obersten abweisen lassen, als Matthäa sie zurückhielt und ihr schüchtern vorstellte, daß man ihm wohl eine Tasse Thee anbieten könnte.

„Ja wahrlich, das würde artiger sein," erwiderte Marie; und sich zu dem Bedienten wendend sagte sie: „Bitten Sie den Baron, nach dem Salon meiner Mutter zu gehen; wir werden ihn dort empfangen."

Der Bediente gehorchte.

„Weshalb nicht hier?" fragte Matthäa.

„Ach!" entgegnete Marie mit einem Blicke, der durch die ganze keusche Poesie eines sechszehnjährigen Herzens erleuchtet wurde, „weil ich ihn hier einst in diesem Zimmer bei mir sah und weil nie ein anderer Mann den Fuß in dasselbe setzen soll, so lange es mir gehört."

Léonel entschuldigte seinen ungelegenen Besuch und versprach, ihn so viel als möglich abzukürzen. Allein Marie zeigte sich für ihn wieder gleichgültig wie gewöhnlich. Sie mischte sich in die Unterhaltung, befragte ihn, hörte dann mit Theilnahme die Antworten des Obersten an, so daß der arme Liebende, indem er sich ganz getröstet fühlte, seinen Besuch bis zur Rückkehr der beiden Damen verlängerte, und daß die Gräfin verwundert, aber auch entzückt darüber war, zu sehen, daß Léonel die ersten Schritte zu dem vertrauten Umgang mit Marien gethan hatte.

Der Baron hatte eine zweite Unterredung mit der Gräfin über deren Tochter gehabt, und diesmal ohne Miß= verständniß. Die Mutter hatte versprochen, das Terrain zu prüfen und für die Sache Léonels zu sprechen. Aber bei dem einfachen Worte Heirath und ohne noch zu wissen, um wen es sich handelte, fing Marie jederzeit an zu weinen und sagte, daß sie zu jung und zu leidend sei und durchaus nicht daran denken möchte.

Die Gräfin hatte daher Léonel gerathen, sich an Matthäa zu wenden, diese zu seiner Verbündeten zu gewinnen, da sie fest überzeugt war, daß dieselbe viel Einfluß auf den Verstand und das Herz des jungen Mädchens übte. Allein in Folge eines Gefühles, das er sich selbst nicht zu erklären vermochte, empfand Léonel den lebhaftesten Widerwillen dagegen, über diesen Gegenstand sein Herz gegen Matthäa auszuschütten. Er hatte nie mit ihr davon gesprochen. Wenn die arme Frau zu Marien gesagt hatte, sie sei die Vertraute Léonels, so war es geschehen, um für die Zukunft jeden Verdacht von dem Geist des jungen Mädchens zu entfernen und dadurch das große Werk zu beginnen, auf welches sie seit sechs Monaten unablässig sann.

An dem Morgen, welcher auf dem Abend folgte, den Léonel in Gesellschaft Mariens und Matthäa's zugebracht hatte, besuchte der Baron, der noch unter dem Einflusse der freundlichen Blicke und der Worte des jungen Mädchens stand, seine ehemalige Freundin, die er seit einiger Zeit sehr vernachlässigt hatte, unter dem Vorwande, daß er sie täglich bei den T..'s sehe.

Es war noch früh. Matthäa arbeitete neben dem Kamin ihres Schlafzimmers, seitwärts sitzend, um nicht den Rücken einem großen Bilde ihrer Tochter zuzuwenden, welches dem Kamine gerade gegenüberhing.

Léonel sah zum ersten Male das Bild dieses Kindes, welches gestorben war, bevor er dessen Mutter kennen lernte. Er wurde ergriffen durch die Aehnlichkeit der kleinen Maria mit dem Fräulein von T... und besser als je begriff er, welche freundlichen Bande, welche heilige Zuneigung die bescheidene Bürgersfrau und das aristokratische junge Mädchen mit einander vereinigten. Er schöpfte aus dieser Entdeckung den Muth, endlich von dem Beweggrunde zu sprechen, der ihn herführte. Aber bei dem ersten Worte, das er sprach, wußte Matthäa geschickt dem Gespräche eine andere Wendung zu geben. Ein zweiter Versuch glückte nicht besser und als er zum dritten Male den Angriff begann, stand sie auf, nahm seine Hand, führte ihn zu dem Bilde des Kindes und sagte:

Léonel!" — zum ersten Male nannte sie ihn so — „Sie sagten mir vor einigen Monaten, indem Sie mir dabei die Hand drückten, der Himmel würde meine Anhänglichkeit an der Familie T... belohnen. Nun wohl, diese Vergeltung einer Freundschaft erwarte ich von einer andern Freundschaft. Der glücklichste Tag meines Lebens würde der sein, an welchem Sie für sich selbst wiederholten, was Sie an jenem Tage für Andere sagten."

Indem Matthäa so sprach und dabei die Hand des Barons in der ihrigen hielt, sah sie auf das Bild ihrer Tochter, als wollte sie dieselbe zur Zeugin für die Aufrichtigkeit ihrer Absichten nehmen.

Ein Gedanke, der für Léonel nicht neu war, den er aber bisher hartnäckig zurückgewiesen hatte, drängte sich ihm in diesem Augenblicke neuerdings auf. Er erfaßte ihn wurde dadurch gerührt, küßte ehrerbietig die Hand Matthäa's und flüsterte mit Thränen in den Augen:

„Ich danke Ihnen, o ich danke Ihnen, großmüthigste der Frauen."

Seit diesem Tage spielten sowohl Léonel als Matthäa nie auf die wichtige Angelegenheit an, welche sie Beide beschäftigte. Aber die unvergleichliche Freundin arbeitete gewissenhaft mit jener Gebuld, jener Feinheit, ich möchte beinahe sagen, mit jener Verschlagenheit des Herzens, welche nichts vernachläſſigen und jede Gelegenheit zu benutzen wiſſen, um ihr Ziel zu erreichen.

Sie ſtieß anfangs auf große Hinderniſſe. Maria hegte nicht einmal Sympathie für Léonel. Das junge Mädchen ſah und beurtheilte ihn noch immer mit der Phantaſie des Kindes. Für ſie war er der ſchwerfällige und langweilige Hofmeiſter geblieben, der ihr lange Ermahnungsreden hielt, ihre Erholungsſtunden verkürzte und ihr Feuer zu dämpfen ſuchte, wenn ſie dem unfügſamen Pferde ähnlich, mit dem Fuße auf den Boden ſtampfte, voll Ungebuld frei auf den Wieſen oder in den Wäldern umherzuſchweifen.

Dank Matthäa kam Maria nach und nach von dieſen ungünſtigen Eindrücken zurück. Das war ein großer Schritt. Die Unterhaltung Léonel's war ernſt, oft aber voll Jr= tereſſe, und indem das Unglück das Herz des jungen Mäd= chens berührte, hatte es daſſelbe ruhiger, ihren Begriff ge= ſetzter gemacht. Sie kam ſo weit, daß ſie einen Reiz an der Unterhaltung des Barons fand und es ſich zum Vor= wurf machte, ihn nicht beſſer gewürdigt zu haben. Das war der zweite Schritt. Bald unterwarf ſie ſeinem Ur= theile ihre Jdeen und ihre Lectüre; ſie zog ihn zu Rathe, wie dies Matthäa ehedem gethan hatte. Zuletzt erwartete ſie ihn mit Ungebuld und beklagte die Zeit, die ſie zu= bringen mußte, ohne ihn zu ſehen. Als ſie ſo weit war, brachte Matthäa die Sprache auf die Heirath. Maria weinte viel und machte nicht die grauſamen Erinnerungen an ihre erſte Liebe, nicht die Schwierigkeit, eine zweite empfinden zu können, zum Einwurf, wohl aber die Furcht, von Léonel nicht geliebt zu werden, da deſſen Herz von einer unglücklichen Neigung eingenommen ſei.

Matthäa geſtand jetzt Maria, daß dieſe ſelbſt der Gegenſtand dieſer Leidenſchaft ſei, und das junge Mädchen wurde durch dieſe Mittheilung ſehr ergriffen.

Durch Matthäa benachrichtigt, kam in dieſem Augenblicke die Gräfin zu ihnen, um ihre Tochter wiederholt zu bitten, eine Wahl zu treffen. Frau von T... war gefährlich krank geweſen und mit Thränen in den Augen ſprach ſie gegen Maria die Furcht aus, zu ſterben, bevor die Zukunft des jungen Mädchens geſichert ſei. Maria erbat ſich noch einige Tage Bedenkzeit. Sie war ſichtlich erſchüttert

Léonel wartete mit geſpannter Ungeduld und unerſchütterlichem Vertrauen zu Matthäa. Er war heiter oder trübe, je nachdem er in den Augen Matthäa's Hoffnung oder Trauer zu leſen ſchien.

Eines Tages endlich warf ſich Maria in die Arme ihrer Freundin, und indem ſie zum letzten Male weinte, ſagte ſie: „Matthäa, ich will!"

Seit einiger Zeit ſchon erwartete Matthäa dieſen großen Tag; ſie war darauf vorbereitet und dennoch war ihre Aufregung ſo groß, daß ſie einen Augenblick das Bewußtſein verlor. Aber beinahe augenblicklich wieder zu ſich gekommen, brach ſie plötzlich in heftiges Schluchzen und in augenſcheinliche laute Freudenäußerungen aus: Es war das erſte Mal, daß die ruhige und ſanfte Matthäa frei die Regungen des leidenſchaftlichen Herzens äußerte, das in ihrer großmüthigen Bruſt ſchlug.

Maria fiel dieſe große Erregtheit auf. Die Hände ihrer Freundin ergreifend und dieſer feſt in das Geſicht sehend, rief sie: „Matthäa, ach, Matthäa, Du hast ihn geliebt!"

Matthäa verbarg ihr Gesicht an der Schulter Maria's, wie ehemals das junge Mädchen, als es ihr die erste Liebe gestand. Anfangs antwortete sie nur durch Thränen; aber es waren sehr süße Thränen, und als sie wieder zu sprechen vermochte, sagte sie:

„Er liebte Sie, Maria!"

„Ach, Matthäa! Welch großes Herz, sind Sie!" An Ihrer Stelle würde eine Andere eifersüchtig gewesen sein und mich verabscheuet haben; Sie aber, Sie verdoppelten Ihre Liebe für mich und arbeiteten ohne Unterlaß daran, mir Liebe für ihn einzuflößen!"

„Ist es mir gelungen?" fragte Matthäa mit einer Lebhaftigkeit, durch welche sich unwillkürlich ein Rest der Leidenschaft verrieth.

Maria zögerte zu antworten.

„Ach, sprechen Sie! Sprechen Sie Maria! Begreifen Sie denn nicht, daß ich, um glücklich zu sein, zugleich mit Ihrer Hand auch Ihr Herz übergeben muß?"

„Nun wohl, ja — ja, ich liebe ihn!" sagte Maria, indem sie die Hände faltete und zu den Füßen Matthäa's niederkniete, als wollte sie dieselbe wegen dieses Geständnisses um Verzeihung bitten.

Aber Matthäa hob sie augenblicklich empor, drückte sie an ihr Herz und sagte: „Ach, komm hierher, mein Kind, meine Tochter! Ja, Du bist es wirklich, jetzt wo mein Glück mir von Dir kömmt, wie Dein Leben und Dein zukünftiges Glück eine Gabe meiner Hand sind."

Matthäa hatte einige Stunden darauf einen andern Augenblick der höchsten Freude. Das war, als der Baron, herbeigerufen durch die einfachen Worte: „Kommen Sie und hoffen Sie!" ganz aufgeregt herbeieilte, und Matthäa ihn auf das Bild der kleinen Maria deutend, damit empfing, daß sie sagte:

„Léonel, meine andere Maria liebt Sie!"

Matthäa hätte hinzufügen können: „Und ich bin es, die sie Ihnen giebt!" Aber ein ächtes Zartgefühl hielt sie davon zurück!

Léonel verstand sie dennoch.

Maria und Léonel wurden zwei Monate später mit einander verheirathet. Ihre Verlobung wurde durch den Austausch der Ringe gefeiert, welche Matthäa an den Finger eines Jeden von ihnen steckte.

Die Gatten machten nach ihrer Vereinigung eine Reise von einigen Monaten, und ihre arme Freundin blieb sehr traurig und sehr allein mit ihrem widerwärtigen Manne zurück!

Als aber Léonel und Maria heimkehrten, welch ein Frühling brach da für das Herz Matthäa's an!

Die Gräfin T... starb im ersten Jahre nach der Verheirathung ihrer Tochter. Matthäa hielt das erst= geborene Kind Maria's über die Taufe, ein allerliebstes Mädchen, das man ungeachtet der bringenden Gegenvor= stellungen der Pathe „Matthäa" nannte.

„Das wird ihr Unglück bringen," sagte sie. „Viel= leicht wird sie mir ähnlich."

„Desto besser," entgegnete Léonel; „dann wird sie das edelste Herz haben, den schönsten Character mit welchem Gott jemals ein Weib begabte."

„Wird das aber genügen, sie glücklich zu machen?", fragte Matthäa, indem sie Léonel traurig ansah.

Dies war der letzte Seufzer, den sie ihrer Liebe nach=
sandte. Sie hatte diese so ganz in das Herz Maria's
übertragen, daß sie seitdem niemals darüber Trauer oder
Reue empfand.

Das Frühjahr, nach der Verheirathung Maria's, kehrte
Matthäa wie gewöhnlich auf das Land zurück. Léonel
und Maria begleiteten sie. Als Matthäa in ihr Schlaf=
zimmer trat, wurde sie freudig überrascht, über ihrer Toch=
ter Wiege, die seit zehn Jahren ihren Platz nicht verlassen
hatte, eine Kopie von dem großen Porträt des Kindes zu
finden, das in der Stadt an der einen Wand ihres Zim=
mers hing, und über welches sie schon mehrmals ihr Be=
dauern ausgesprochen hatte, es nicht jedes Jahr mit auf
das Land nehmen zu können. Dem Bilde der ersten
Maria gegenüber hatte eine dankbare Hand das Bild der
zweiten Maria aufgehangen, wie sie als Kind gewe=
sen war.

Gerührt wendete Matthäa sich gegen ihre Freunde um,
und dankte ihnen innig. Dann kniete sie auf der kleinen
Estrade nieder, auf der die Wiege stand, und das Bild
ihres Kindes betrachtend, sagte sie:

„Nun, meine arme Tochter, Du würdest doch nicht zu
unglücklich gewesen sein, Deiner Mutter zu gleichen. Die
Quelle der Liebe und des Glückes liegt noch mehr in dem
Herzen, als in den Reizen des Weibes. Ich habe die un=
endliche Freude genossen, die glücklich zu machen, die ich
liebte; ich sehe ihr Glück jeden Tag fortbestehen, und diese
Freude, dieses Glück, wiegen wohl viele andere Freuden
eines Weibes auf."

———

Die Brüder.

Von

Miß Pardon.

Im Herbst und Winter des Jahres 1858 fand in England bekanntlich — denn sie machte sich auch in den meisten andern Ländern fühlbar — eine jener furchtbaren Handelskrisen statt, welche den Credit der reichsten Häuser erschüttern und den anderer gänzlich vernichten.

Einer dieser Fälle bildet den Gegenstand der nachfolgenden Erzählung.

Mr. Neville war Kaufmann und zwar einer von denen, welche hauptsächlich mit auswärtigen Häusern Geschäfte machen und deshalb den größten Theil ihres Kapitals entweder in Waaren, oder in auf dem Meere schwimmenden Schiffen angelegt haben.

Er war ein junger Mann von edlem Charakter und makelloser Rechtschaffenheit, aber ein wenig stolz und halsstarrig, so daß es, wenn er sich einmal etwas vorgenommen hatte, ungemein schwierig war, ihn wieder davon abzubringen.

Diese Entschiedenheit des Charakters zeigte sich besonders bei seiner Verheirathung, denn ohne auf den heftigen Widerstand seiner Familie zu achten, wählte und heirathete er eine junge Dame, der keine anderen Empfehlungen zur Seite standen, als ein rechtschaffener Charakter, gute Herkunft und einige Talente. Sie hatte nicht bloß kein Vermögen, sondern arbeitete als sie heirathete, als Lehrerin auch noch angestrengt für den Unterhalt ihrer Familie, die natürlich nach ihrer Vermählung ihrem Gatten ebenfalls mit zur Last fiel.

Die Nevilles, eine reiche, das Geld liebende Familie, verziehen weder Harry noch seiner Gattin und weigerten sich eine Zeit lang, sie zu empfangen, obschon endlich durch Harry's jüngste Schwester, ein gutmüthiges Mädchen von achtzehn Jahren, eine Art Aussöhnung zu Stande kam, und die junge Frau, welcher um ihres Gatten willen viel daran lag, sich die Geneigtheit seiner Familie zu erwerben, war gern bereit, die Hand zum Freundschaftsbunde zu bieten.

Dennoch aber war sie nicht die Person, welche sich zum freundschaftlichen Umgange mit Leuten, wie die Nevilles eignete, denn sie war gegen die Armen zu freundlich, in ihren Grundsätzen zu unbeugsam und in ihrer Mißbilligung niedriger Denkungsart und verwerflicher Handlungen zu bitter, als daß ihre Gesellschaft sehr von Leuten hätten gesucht werden können, welche in allen diesen Dingen gerade das Gegentheil von ihr waren.

Dennoch aber gaben sie sich wenigstens den Anschein von Zuneigung gegen sie, und als Harry Neville von dem schweren Schlage getroffen ward, der sein Vermögen zertrümmerte und ihn selbst seiner Existenzmittel beraubte, zweifelte seine Gattin, welche ihre Verwandten nach ihrem eigenen Herzen beurtheilte und fühlte, wie sie in einem ähnlichen Falle handeln würde, keinen Augenblick daran, daß sie ihm beistehen und es ihm wenigstens möglich

machen würden, mit dem Sturme zu kämpfen und sich
wieder emporzuarbeiten.

Aber sie irrte sich. Harry ward nicht bloß verhaftet
und in's Gefängniß geworfen, sondern sie sah sich auch
mit ihren beiden kleinen Kindern dem Mangel preis=
gegeben, an einem fremden Orte, ohne eine einzige Zeile
der Theilnahme oder des Mitleids von ihren Verwandten
zu erhalten.

Vergebens schrieb sie an sie und machte ihnen vorstellig,
wie dringend nothwendig sie des Beistandes bedürfe, und
wie grausam es sei, ihr denselben zu verweigern. Ver=
gebens schrieb sie alles dies — ihre Bitten und Vor=
stellungen blieben unbeachtet.

Endlich erfuhr Beatrice Neville, die jüngste Schwester
ihres Gatten, die damals in Frankreich weilte, das Un=
glück ihres Bruders Harry. Sie schrieb sofort an ihren
ältesten Bruder und bat ihn, daß er um ihretwillen etwas
für Harry's Kinder thun möchte.

Zugleich schrieb sie auch an ihre Schwägerin, beklagte, daß
es ihr wegen ihrer Unmündigkeit noch nicht möglich sei,
ihr wirksame Hülfe zu leisten, und rieth ihr, ihre Kinder,
Blanche und Jessie, zu ihrem Schwager, Mr. Eduard
Neville, zu schicken, wo sie die beste Aufnahme und Pflege
finden würden, bis sich etwas Weiteres thun ließe.

Mit derselben Post erhielt die unglückliche Mutter
einen Brief von Mr. Edward Neville, welcher mit Bezug=
nahme auf den Wunsch seiner Schwester sie aufforderte,
ihm die beiden Mädchen zuzusenden.

Nur der Gott, welcher über der armen Mutter wachte,
kennt die Qualen, welche sie in dieser Stunde litt! Als
sie die Briefe zum ersten Male durchlas, erbebte ihr Herz

schien dann still zu stehen und pochte dann wieder, als ob es ihr die Brust zersprengen wollte. Sie las die Briefe immer und immer wieder durch, um zu sehen ob keine Hoffnung auf Hülfe ohne diese furchtbare Trennung, ob kein Schatten von einer Einladung für sie selbst darin enthalten sei.

Aber nein — die Briefe sprachen dieselben harten Worte wie zuvor, ausgenommen, daß sie jetzt eine Nach=schrift sah, welche sie in ihrer anfänglichen Eile ganz über=sehen hatte. Dieselbe lautete dahin, daß sie, nachdem sie sich der Last ihrer beiden Kinder entledigt, wieder zu ihrer Mutter zurückkehren und sich ohne Zweifel ihren Lebens=unterhalt auf irgend eine redliche Weise mit leichter Mühe verdienen könne.

Sie las diese Nachschrift immer und immer wieder und glaubte den Verstand verlieren zu müssen. Es war nicht möglich! Ihr Gatte sollte in London im Gefängniß sitzen, sie selbst viele Meilen weit in einem Dorfe in der Provinz weilen und ihre Kinder von beiden getrennt sein!

Dazu konnte sie sich nimmermehr verstehen — lieber wollte sie sterben! Wie hätte sie es über sich gewinnen können, ihre so innig geliebten und zärtlich gepflegten Lieb=linge mit ihren warmen Herzen und weichen Gemüthern von sich fortzuschicken, um sie jenem harten kalten Herzen preiszugeben, die alle menschliche Liebe so weit vergessen konnten, daß sie ihr eine solche Trennung vorschlugen!

Wäre Beatrice dagewesen, so hätte sich die Sache noch von einem andern Gesichtspunkte aus betrachten lassen, denn sie war sanft, mitleidig und gut; sie liebte Gott von ganzem Herzen und hielt treulich seine Gebote.

Aber sie weilte in weiter Ferne und konnte nichts für ihre Nichten thun.

„Nein, nein," stammelte die unglückliche Mutter mit sich selbst sprechend, „ich gebe meine Kinder nicht her!"

Aber was sollte sie nun beginnen? Ihre Börse war beinahe leer und hatte keine Aussicht, sich wieder gefüllt zu sehen.

Sie sank auf einen Stuhl nieder, stützte den Kopf mit beiden Händen und versuchte nachzudenken.

Welch ein Chaos war ihr Inneres! Wie jagte ein abenteuerlicher Gedanke den andern! Träumerische Pläne und trügerische Hoffnungen drängten sich in rascher Reihe=folge. Alles aber war vergebens.

Wo waren alle ihre Freunde — wo waren die vielen Bekannten, welche an ihrem Tische gegessen und getrunken und sich durch ihre Aufmerksamkeit geschmeichelt gefühlt hatten? Eben so gut hätte sie fragen können, wo die Sommerfäden wären, welche am Morgen schwebend im Sonnenscheine glitzern und dann, wenn das Ungewitter heranzieht, urplötzlich verschwinden.

Sie überflog die Namen dieser ehemaligen Freunde und Bekannten, aber es befand sich darunter auch nicht einer, auf welchen sie gewagt hätte, sich zu verlassen.

Was konnte sie thun? Ihre schwächliche Gesundheit machte sie zu anhaltender körperlicher Anstrengung, selbst wenn sie sich Arbeit hätte verschaffen können, unfähig, und auf welche andere Weise sollte sie ihren Kindern Brod und Obdach verschaffen?

Ach, leider, sie wußte es nicht. Die muntern Stim=men der Kinder ließen sich draußen auf der Treppe, wo sie spielten, vernehmen, und sie bedeckte die Ohren mit den Händen, um das fröhliche Gelächter nicht zu hören, denn es war ihr, als müsse sie den Verstand verlieren, wenn diese Töne zu ihrem Hirn drängen.

Sie fürchtete, daß die Kinder, diese Lieblinge, welche ihr theurer waren als das eigene Leben, hereinkommen möchten — sie fürchtete, sie zu sehen, aber sie entfernten sich wieder — irgend eine neue Spielerei hatte ihre Auf= merksamkeit in Anspruch genommen und sie hüpften an der Thür vorüber.

Dann trat Schweigen ein und sie lauschte mit ver= haltenem Athem, um einen Ton ihrer Stimmen zu ver= nehmen — etwas, was ihr die Gewißheit gab, daß sie noch in ihrer Nähe waren. Dieses gräßliche Schweigen war ein Vorgeschmack jener dauernden Trennung, welche ihr drohete. Endlich unterbrach ein Freudenruf die Stille und sie sank erschöpft durch die widerstreitenden Empfin= dungen auf ihren Sitz zurück.

Die Kinder hatten keine Ahnung von der Ursache der Abwesenheit ihres Vaters und noch weniger wußten sie, warum sie jetzt weniger Leckerbissen bekamen und mancherlei andere Genüsse entbehren mußten. Es war ja jetzt die schöne herrliche Frühlingszeit und dafern sie nur im Freien umherspringen und Veilchen pflücken konnten und, wenn sie nach Hause kamen, von ihrer Mutter mit freundlichem Lächeln empfangen wurden, fragten sie sehr wenig nach dieser Veränderung.

Zärtlichkeit und Liebe, ein Kuß von ihrer Mutter und bereitwillige Theilnahme an ihren kleinen Freuden und Kümmernissen galten ihnen mehr als das prächtigste Haus und die leckerste Kost.

Aber eben diese Unwissenheit und Unschuld machte den

geforderten Schritt um so schwieriger, denn wie konnte die Mutter die warmen jungen Herzen der Kinder durch Gefängnißgeschichten ängsten, und wenn sie es ihnen nicht sagte, wie konnte sie dafür stehen, daß die furchtbare Wahrheit in freundlich sanftem Tone gesprochen ward und daß die zarten Gemüther nicht durch diese Kenntniß zer= malmt wurden?

Nein, nein; sie sollten nicht fort und somit tröstete sie sich für diesen Tag. Der nächste aber und dann der dar= auf folgende machten die drückender werdende Armuth immer fühlbarer und sie wußte, daß es ihr nicht blos un= möglich sein würde, die furchtbare Wahrheit ihren Lieb= lingen länger zu verschweigen, sondern daß auch die Mittel, ihnen selbst ihre frugalen Mahlzeiten zu beschaffen, bald erschöpft sein würden.

Konnte sie es über's Herz bringen, sie hungern zu sehen? — und dazu mußte es unausbleiblich in nicht gar langer Zeit kommen. Hatte sie andererseits das Recht, sie von dem gastlichen Obdach zurückzuhalten, welches ihr Onkel ihnen anbot?

Beide Alternativen waren schrecklich! Was sollte sie thun?

Auch noch ein anderer Gedanke drängte sich in ihr auf. Dieses Anerbieten war augenscheinlich mit arglistigem Hinblick auf ihre wohlbekannte mütterliche Anhänglichkeit gemacht worden. Ihre Verwandten mußten, oder glaubten zu wissen, daß sie sich niemals dazu verstehen würde, sich von ihren Kindern zu trennen, und die Thatsache, daß sie auf diese Weise ihre Unterstützung abgelehnt, gab ihnen dann einen ganz vortrefflichen Vorwand, die Hülfe zu ver= weigern, deren Harry bedurfte.

Es wäre eine ermübenbe Aufgabe, all' ben Jammer zu erzählen, ben Mary Neville erbulbete, ehe sie auf die Sorge für die Wesen verzichtete, deren Leben und Glück ihr theurer war als das eigene.

Enblich aber kam der Tag, wo sie sich von ihnen trennen mußte. Sie hatte sich vorgenommen, ihnen nichts zu sagen, sondern sie blos wie auf einen Besuch gehen zu lassen.

Wie freute sich die kleine Jessie! Kinder lieben die Veränderung, und sie erinnerte sich des großen Gartens und der prachtvollen Pfauhähne bei ihrem Onkel und des letzten kolossalen Stückes Kuchen, welches er ihr gegeben, und der Spielsachen ihrer kleinen Cousins, und sie war außer sich vor Freuden, dies nun alles wiederzusehen.

Blanche aber war drei Jahre älter. Das bleiche Gesicht und die bebende Stimme ihrer Mutter so wie der schmerzlich unruhige Blick, den die Kleine oft auf sich geheftet sah, kamen ihr seltsam und unheimlich vor und der versprochene Besuch verlor seine Reize, denn ohne zu wissen oder zu errathen warum, ahnte das Kind doch mit richtigem Instinkt, daß ein kummervolles Ereigniß bevorstehe.

Beatrice hatte in den Brief an Mary eine Anweisung auf die Reisekosten für die Kinder eingeschlossen, und deshalb hatte die unglückliche Mutter beschlossen, sie selbst ihrem Onkel zuzuführen. Der Tag war festgesetzt und am Abend vorher ging Jessie, welche sich müde gesprungen, zeitig zu Bett, Blanche aber bat inständig, noch ein wenig wach bleiben zu dürfen, während sie zugleich versprach, sich ganz ruhig und still zu verhalten und Mama nicht im Mindesten zu stören.

Und so saßen Mary und ihre Kleine in der Däm=

merung bei einander, bis der Abend in Nacht überging und die Sterne vom Himmel herniederfunkelten.

Der armen Mutter drohete das Herz zu brechen. Es herrschte ein langes drückendes Schweigen, denn selbst Blanche's junges Gemüth zitterte vor der verstohlenen Annäherung eines Unheils, welches stets am schrecklichsten ist, wenn wir weder die Gestalt noch Tragweite desselben kennen, und nicht eher erfahren, von welcher Seite der Schlag kommt, als bis er gefallen ist.

Endlich sagte Mary in einem Tone, welcher der Kleinen seltsam klang, denn er war bis jetzt eigenthümlich sanft und heiter gewesen:

„Blanche, mein liebes Kind, höre, was ich Dir sage und bemühe Dich, es nie zu vergessen. Du wirst mit Jessie morgen zu Deinem Onkel gehen. Ich kann dort nicht bei Euch bleiben, aber ich hoffe, daß Ihr Euch eben so gut betragen werdet, als wenn ich stets zugegen wäre. Vergiß dies ja nicht, denn Euer Glück wird in hohem Grade von Eurem Benehmen abhängen. Sei Deinem Onkel und Deiner Tante niemals ungehorsam, gegen Deine Cousins zeige Dich stets liebreich und freundlich und vergiß nie, nie, jeden Abend und Morgen zu Gott zu beten. Zu ihm bete, Blanche," fuhr die unglückliche Mutter in feierlichem Tone fort, indem sie in dem bleichen Sternenschimmer ihre Augen auf die Kleine heftete, „denn er ist Dein wahrer und einziger Freund. In Sorge und Noth flüchte Dich zu ihm, schütte vor ihm Dein Herz aus und er wird Dich hören. Er wird Dir stets nahe sein, wenn ich auch fern bin. Und meine liebe Blanche, Du wirst auch Deine kleine Schwester Jessie —"

Die arme Mutter konnte nicht ausreden. Von ihren

Gefühlen überwältigt, sank sie bewußtlos in ihren Stuhl zurück und die Kleine, welche bis jetzt in ähnlichen Fällen ihre Mutter von zahlreichen, liebenden Händen umgeben gesehen, kniete jetzt a l l e i n bei ihr.

Am nächsten Tage um 4 Uhr hielt der Wagen, in welchen Mary Neville und ihre Kinder die Eisenbahnstation verließen, an Mr. Edward Neville's Thür und dieser erschien selbst, um sie zu empfangen. Er küßte die beiden Mädchen, half seiner Schwägerin aus dem Wagen und ließ sie allein sein Haus betreten, während er sich mit dem Kutscher um das Fahrgeld stritt.

Seine Gattin war gerade das Gegentheil von Mary. Sie hatte ein bedeutendes Vermögen besessen, war aber von ziemlich gemeiner Herkunft und obschon man sie durchaus nicht unwissend nennen konnte, so war sie doch ganz gewiß nicht das, was man eigentlich gebildet nennt.

Während Mary's Wohlstand hatte sie diese fast gefürchtet. Sie hatte sie um die Ruhe und Sicherheit beneidet, womit diese sich in der Gesellschaft bewegte und welche sie vergebens nachzuahmen suchte.

Ihre Diners waren ebenso gut, ja was die Quantität betraf, oft sogar besser, dennoch aber gingen sie niemals so gut von Statten, weil sie in Folge ihrer Liebe zum Gelde, die mit ihrer Sucht, zu glänzen, in Widerstreit gerieth, stets unerfahrene Diener hatte, die bei solchen festlichen Gelegenheiten im ganzen Hause umher durcheinander rannten, allerhand sonderbare Dinge an allerhand sonderbaren Orten suchten und auch die für diese Gelegenheit gemietheten wohldressirten Aufwärter und Köche in den größten Wirrwarr brachten, während ihre Herrin, die verständig genug war, um zu sehen, daß nicht Alles in Ordnung war, unruhig auf ihrem Stuhle hin- und herrückte, mit ihren Gästen zu sprechen suchte, während sie das Auftragen der Gerichte mit dem Auge zu beherrschen suchte, plötzlich in der Mitte einer Conversation stillschwieg, um — unbemerkt wie sie glaubte — zu horchen, ob der nächste Gang käme. So quälte und beunruhigte sie sich und Andere, so daß das, was eigentlich eine angenehme, gesellschaftliche Versammlung sein sollte, für sie eine Marter und Angst und für ihre Gäste eine Quelle entweder verstohlener Schadenfreude, oder aufrichtigen Mitleids war.

Alles dies war ihr kränkend und ärgerlich, denn sie sah, daß bei einem kleineren Haushalt und bei einer geringeren Anzahl von Dienern die Diners und Abendgesellschaften, welche Mary gab, nicht blos so ruhig geleitet wurden, daß die Maschinerie nie sichtbar ward, sondern daß auch die Wirthin, während sie ihre Gastfreundschaft ihren Freunden darbot, ohne sie ihnen aufzudrängen, sich dabei so frei und unbefangen bewegte, als gehörte sie zu den Eingeladenen.

Es stand daher bei ihren beiderseitigen Bekannten fest, daß während nichts Besseres sein könnte als Mistreß Harry Neville's Gesellschaften, dagegen nichts langweiliger und unerquicklicher sei, als die von ihrer Schwägerin gegebenen.

An alles dies dachte sie jetzt und obschon sie nicht boshaft genug war, um sich über Mary's Unglück zu freuen, so war doch der Gedanke, jetzt die Gönnerin einer Person spielen zu können, welche früher der Gegenstand ihres geheimen Neides gewesen, für ihre Selbstliebe sicherlich sehr angenehm.

In Uebereinstimmung mit diesem Gefühl erhob sie sich

blos von ihrem Stuhle und ging Mary und ihren Kindern, als dieselben eintraten, zwei Schritt entgegen.

In Mary's gramerfülltem Antlitz und rothgeweinten Augen lag aber etwas so Ergreifendes und Rührendes, daß ihr Stolz in den Hintergrund trat und sie sich rasch nähernd ihrer Schwägerin herzlich die Hand drückte, während Mr. Neville, der in dem Streite mit dem Droschken= kutscher den Sieg davongetragen und einen Sixpence erspart hatte, jetzt hocherfreut darüber ebenfalls eintrat und die Kinder auf sehr freundliche, obschon gerade nicht sehr herz= liche Weise willkommen hieß.

Es dauerte nicht lange, so ward das Diner aufgetragen, und da gerade Mistreß Neville's Geburtstag war, so speisten die Kinder alle mit am Tische der Eltern.

O! wie besorgt überwachte Mary ihre Lieblinge, damit sie nicht etwas sagten oder thäten, was Anstoß geben könnte! Die Heiterkeit ist ja bei Kindern ebenso wie die Bevor= zugung eines Gerichtes vor dem andern, sobald diese Kin- der arm sind, eine Sünde oder Anmaßung. Jessie benahm sich aber ohnehin stets sehr manierlich und Blanche be= obachtete das Auge ihrer Mutter zu unablässig, als daß ein grober Verstoß hätte vorkommen können.

Als das Tischtuch hinweggenommen ward, war nicht ein einziger Tropfen Bratenbrühe auf dem schneeweißen Damast vergossen, ebensowenig ein Krümchen Kartoffel auf einem Teller liegen gelassen worden und folglich kein An= laß zu Unzufriedenheit für die Tante vorhanden, welche, obschon, wenn sie allein waren, gegen alle dergleichen Dinge in höchst bedauernswerthem Grade gleichgültig, doch „vor Leuten" darin ungeheuer eigensinnig war.

Die Stunde, wo Mary wieder abreisen wollte, nahete

heran und sie suchte mit ihrem Schwager und ihrer Schwägerin allein zu sprechen. Sie hatte ihnen so Vieles zu sagen, sie um so Vieles zu bitten.

Als die Kinder das Zimmer verlassen hatten, füllte Mr. Neville sein Glas noch einmal und sagte:

„Nun, liebe Schwägerin, was gedenkt Ihr Mann denn zu beginnen, wenn er wieder herauskommt? Bei meiner zahlreichen Familie und meinen vielen Ausgaben, wozu nun auch noch die für seine beiden Kinder kommen, kann ich dann natürlich nichts weiter zu seiner Unterstützung thun. Er kann es nicht erwarten."

„Aber Sie werden doch Harry einmal besuchen, hoffe ich —"

„Nein, das ist geradezu unmöglich. Ich war einmal dort, aber es ist ein gar zu schauerlicher Ort. Ich gehe nicht wieder hin; es könnte auch nichts nützen."

„O doch! denn ich kann nicht umhin, zu hoffen, daß wenn Sie jetzt mit ihm sprächen, sich vielleicht etwas ausfindig machen ließe, was für Sie beide zweckentsprechend wäre."

„Zweckentsprechend für uns beide! Liebe Freundin, vom Rechnen haben Sie nie viel verstanden — wie hätten Sie auch viel davon verstehen sollen, da Sie ja bis zu Ihrer Verheirathung nie viel zu berechnen hatten — aber ganz gewiß müssen Sie doch jetzt so viel einsehen gelernt haben, daß ein insolventer Mann einen Mann bedeutet, der keinen Heller mehr im Vermögen hat, und wie die Verbindung mit einem solchen Mann für einen andern z w e ck = e n t s p r e ch e n d sein kann, das, gestehe ich, vermag ich nicht zu begreifen."

Ernste und bittere Worte der Wahrheit schwebten auf Mary's Zunge, aber sie dachte an ihre Kinder und schwieg.

Ihr Schwager fuhr fort:

„Ich bin sehr unzufrieden mit Harry. Es konnte im Grunde genommen mit ihm nicht anders kommen. Er lebte zu verschwenderisch und hatte von sich und seinen Hülfsquellen eine viel zu hohe Meinung. Das geht nicht, liebe Schwägerin, besonders wenn andere Leute die Unkosten tragen müssen. Wahrscheinlich überlegt er gar nicht, was mich diese beiden Mädchen kosten werden, sondern betrachtet die Sache, als ob sie so sein müßte, gerade als ob man das Geld auf der Straße fände."

Mary's Lippen zitterten und wenn sie nicht an die Worte der heiligen Schrift: „Eine milde Antwort kehret den Zorn" gedacht hätte, so würde sie mit entrüsteter und verachteter Beredtsamkeit so furchtbar unwiderlegliche Wahrheiten geantwortet haben, daß sie ihn dadurch zum Schweigen gebracht, wenn auch nicht beschämt hätte.

Um Harry's und ihrer Kinder willen aber hielt sie ihre bebenden Lippen fest geschlossen und schwieg.

Ihr Lohn blieb nicht aus, denn erfreut über den Eindruck, den, wie er glaubte, seine Beredtsamkeit hervorgebracht, und nachdem er den Vorrath der Schmähungen gegen seinen Bruder erschöpft, schwieg Mr. Neville auch und eine Zeitlang sprach keins von beiden.

Jedoch die Zeit verging und der späteste Zug, mit welchem Mary zurückkehren konnte, ging, wie sie wußte, in zwei Stunden ab. Deshalb sah sie sich genöthigt, endlich das drückende Schweigen zu brechen, obschon es mit von unterbrückten Thränen halb erstickter Stimme geschah, so daß ihre Worte kaum verständlich waren.

„Nicht wahr, liebe Schwägerin," stammelte sie, „Sie

werden recht oft an mich schreiben — wenigstens einmal
die Woche — nicht wahr?"

„O ja, wenn ich Zeit habe, recht gern," entgegnete
Mistreß Edward Neville. „Viel wird es aber wahrschein=
lich nicht zu berichten geben und Sie werden sich daher
hoffentlich nicht weiter ängsten, wenn einmal längere Zeit
vergehen sollte, ohne daß Sie Nachricht von uns erhalten
hätten."

„O Schwägerin!" rief die arme Mary, „meine Kinder
sind mein Leben, ich würde für sie in den Tod gehen und
diese Trennung hat auch die ganze Bitterkeit des Todes,
aber ich hoffe, daß es zu ihrem Besten ist — ich hoffe zu
Gott, daß dem so sein möge."

Sie warf ein schmerzerfüllten Blick gen Himmel und
fuhr dann fort:

„Deshalb und um meiner Kinder willen ertrage ich
diese Trennung; wenn ich aber nicht wenigstens alle Wochen
von ihnen hören soll, dann kann ich es nicht ertragen;
dann muß ich sterben, denn wir haben noch nie von ein=
ander getrennt gelebt. Bedenken Sie nur, was ich dulden
werde — allein — mein Gatte im Gefängniß, meine Kin=
der fern von mir! Bedenken Sie, daß Sie selbst Gattin
und Mutter sind und erfüllen Sie meine Bitte."

„Aber, liebe Schwägerin, Sie sind auch gar so leicht
erregbar. Recht gern will ich so viel als möglich thun,
was Sie begehren, aber ein bestimmtes Versprechen kann
ich Ihnen nicht geben. Ich kann ja vielleicht verreist sein,
oder viel zu thun haben, oder krank werden, oder —"

„Ach, dummes Zeug!" unterbrach sie ihr Gatte, den
der stumme Schmerz, der sich in dem Antlitz der Mutter
malte, endlich doch rührte. „Sie sollen jeden Sonntag —

doch nein, Sonnabends kann ich nicht schreiben, aber Sonntags werde ich es thun — jeden Montag sollen Sie einen Brief bekommen. Wenn also meine Frau nicht schreiben kann, so werde ich es thun."

„Gott vergelte es Ihnen!" rief Mary, die Hände faltend. „Sie werden mir Alles schreiben, jedes leichte Unwohlsein und alles Andere, was meinen Kindern zustößt, nicht wahr? Ich mache Ihnen vielleicht viel Mühe, aber Sie werden Erbarmen haben mit meiner Unruhe. Denken Sie an Ihre eigenen Kinder und handeln Sie an mir, wie Sie in einem ähnlichen Falle wünschen würden, daß ich an Ihnen handeln möchte. Seien Sie gütig und nachsichtig gegen die armen Kleinen; bedenken Sie, wie jung sie noch sind, und wenn sie etwas thun, was Ihnen mißfällig ist, so erinnern Sie sich, daß ihnen hier nicht ihre Mutter zur Seite steht. Sie haben sich selbst erboten, ihr Pflegevater zu sein — o, erfüllen Sie dieses Amt treulich, so wie Sie es am Tage des Gerichts vor Gott zu verantworten sich getrauen, denn wenn meine Kinder, während sie in Ihren Händen sich befinden, an Leib oder Seele zu Schaden kämen, so könnte ich Ihnen niemals verzeihen, so lange ich lebe und würde sterbend noch Gott um Rache anrufen. Sie haben sich zu diesem Amte erboten, sage ich, und um Ihres eigenen Seelenheils willen fordere ich Sie auf, dieses Amtes auch treulich zu warten. Haben Sie es aus brüderlicher, christlicher Liebe gegen meine Kinder und ihren Vater übernommen, dann möge der reichste Segen Gottes jetzt und immerdar auf Ihnen und den Ihrigen ruhen!"

Sie hatte sich erhoben und heftete ihre großen blauen Augen auf das Gesicht ihres Schwagers, welcher halb ent-

rüstet, halb mitleibig, babei aber auch verlegen unb ver=
blüfft, biese unerwartete Energie sich kundgeben sah.

„Ich weiß wirklich nicht, was Sie meinen, liebe Freun=
bin. Ich erbot mich Beatricen zu Liebe die Kinder zu mir
zu nehmen unb weil ich Sie einer Last zu überheben
wünschte."

„Einer Last! — Meine Kinder eine Last! — Welche
Last sind denn die Blumen für die Erde?" rief Mary un=
gestüm.

„Wie hitzig Sie doch sind, liebe Freunbin," entgegnete
ihr Schwager. „Lassen Sie mich doch ausreden. Meine
Absicht ist, Ihnen Blanche unb Jessie abzunehmen, damit
Sie unb Harry vielleicht irgend eine Stellung annehmen,
ober sonst thun können, was Sie für bas Beste halten.
Ihre Kinder sollen es ganz so haben wie meine eigenen
unb ganz auf dieselbe Weise erzogen werben."

Er sagte nichts davon, daß Beatrice ihm versprochen
hatte, ihm sobald sie mündig würde, alle seine Auslagen
wieder zu erstatten.

„Ich bin Ihren Kindern immer gut gewesen," fuhr er
fort, „und sie sollen es bei mir so gut haben als es in
meinen Kräften steht, weiter aber kann ich nichts ver=
sprechen. Ich glaube, was Sie in Ihrem Briefe davon
schrieben, daß die Kinder von der Verschwenbung unb der
Gefangenschaft Ihres Vaters nichts wissen sollten, so ist
das dummes Zeug, denn nichts wäre mehr als gerade dies
geeignet, ihnen eine heilsame Furcht vor Leichtsinn in Be=
zug auf Gelbangelegenheiten einzuflößen. Indessen, da Sie
es einmal wünschen, nun so mag es sein, unb von mir
sollen die Kinder in dieser Beziehung nichts erfahren. Sind
Sie nun zufriedengestellt?"

„Ja. Ihr Versprechen steht nun da oben geschrieben und Gott sowohl als die irdischen Eltern meiner Kinder werden Sie zur Verantwortung ziehen, wenn Sie es je brechen sollten. Eine Mutter, welche ihre Kinder vertritt, übt strenge Gerechtigkeit!"

II.

Blanche und Jessie waren seit einem Jahre in dem Hause ihres Onkels und wir betreten dasselbe jetzt mit dem Leser zum zweiten Male.

Mit den peinlichen Einzelnheiten des armseligen Lebens, welches Harry und Mary während dieses Zeitraums geführt, wollen wir ihnen nicht lästig fallen, sondern dieselben mit einem Seufzer übergehen.

Es war ein heißer, nasser Tag im Monat Mai. Die Luft war schwül von Hitze und Feuchtigkeit und für die Menschen kaum zu athmen. Es war einer jener Tage, welche selbst heitere Herzen düster und düstere zur Verzweiflung stimmen.

Mr. Edward Neville und seine Gattin standen in dem Frühstückzimmer ihrer schönen Wohnung und horchten mit peinlicher, furchtsamer Aufmerksamkeit auf die Wagen, welche auf der Landstraße vorüberfuhren.

Sie fürchteten eine Ankunft. Jeden Augenblick warfen sie einen Blick auf die kostbare Stutzuhr, die auf dem Kaminsims tickte und verglichen sie mit ihren Taschenuhren, aber keins von beiden sprach, bis endlich Mistreß Neville rief:

„Ach, wie ist mir doch so bange vor ihr! Es ist mir, als wäre es erst gestern gewesen, als sie hier fortging und uns noch gewissermaßen eine Strafpredigt hielt. Ach, wie sehr wünschte ich, daß wir diese Kinder nie in's Haus genommen hätten! Beatrice ist auch so ungehalten, daß ich fürchte, sie wird sich an ihr früher gegebenes Versprechen nicht mehr gebunden erachten."

„Das ist sehr leicht möglich und auch durchaus nicht zu verwundern. Wenn ich etwas von allen diesen Dingen gewußt hätte, so würde ich mich schon längst eingemischt haben, aber natürlich glaubte ich, Du würdest an den Kindern thun, was recht ist, und ich sah sie so selten, daß ich keine Gelegenheit hatte, die Veränderung zu bemerken. Ich gäbe gleich tausend Pfund darum, wenn die Sache nicht passirt wäre. Was werden die Leute dazu sagen?" rief Mr. Neville, indem er ärgerlich im Zimmer auf- und abschritt.

In diesem Augenblicke hörte man die Tritte des Arztes die Treppe herabkommen und Mistreß Neville rief:

„Das ist Dr. Lewis — laß ihn nicht fort — sie wird sogleich hier sein und ich wage nicht, ihr vor die Augen zu treten — bitte ihn zu bleiben, bis sie kommt.

Mr. Neville ging hinaus, um diesen Bitten Folge zu leisten, und während er noch mit dem Doctor sprach, kam eine Droschke herangerasselt und Mary Neville — Harry war in Wales — sprang heraus und stürzte in das Haus hinein.

Der Arzt, der sie von früher recht wohl kannte, kam ihr eiligst entgegen, riß die Thür des Speisezimmers auf und hob an:

„Meine werthe Mistreß Neville, ich bitte, kommen Sie —"

„Meine Kinder! meine Kinder!" rief Mary.

„Kommen Sie nur erst einen Augenblick herein," sagte ihr Schwager, indem er ihr die Hand bot, um sie in das Zimmer zu führen.

Sie machte eine hastige zurückweisende Geberde, heftete ihre Augen auf ihn und antwortete:

„Ich komme, um von Ihnen Rechenschaft über das zu fordern, was ich Ihnen vor einem Jahre anvertraut habe. Gott sei uns beiden gnädig, wenn Sie Ihrem Versprechen untreu geworden sind!"

„Ich bitte Sie, schenken Sie mir einen Augenblick lang Gehör," sagte Dr. Lewis, dem Mr. Neville's Aufregung und Erschütterung, als die unglückliche Mutter diese Worte in hartem, bitterem Tone hervorstieß, Mitleid einflößte.

Mary sah ihn einen Augenblick lang unverwandt an und las in dem Ausdruck seines Gesichts etwas, was ihre Kräfte lähmte. Dann einen Blick durch die Thür nach den Fenstern des vor ihr befindlichen Zimmers werfend, sah sie, daß dieselben verhüllt waren, und mit einem durch Mark und Bein bringenden Schmerzensschrei, so daß selbst der erfahrene und abgehärtete Arzt entsetzt zurückfuhr, sank sie auf den marmornen Fußboden nieder.

Nicht lange aber genoß sie das Glück der Bewußt=losigkeit. Der Jammer war in ihrem Herzen zu geschäftig, um sie lange in dieser wohlthätigen Erstarrung zu lassen. Nach wenigen Minuten kam sie wieder zu sich, sprang mit plötzlicher Energie empor, faßte Dr. Lewis krampfhaft beim Arme und fragte mit unheimlichen Geflüster:

„Todt — beide todt?"

„Nein, nein!"

„Welches denn?" fragte sie wieder und ward dabei wie von plötzlichem Frost geschüttelt, während ihre Augen den mitleibigen Arzt mit einem so furchtbaren Ausbrucke anstierten, daß er nicht umhin konnte, zu antworten: „Jessie," sagte er.

Ein tiefes entsetzliches Stöhnen antwortete ihm, die Hand welche bis jetzt ihn so fest am Arme gehalten, erschlaffte und sank kraftlos herab. Dann nach wenigen Secunden fragte die unglückliche Mutter in demselben unheimlichen Geflüster wieder:

„Und Blanche — wo ist sie?"

„Oben; aber Sie müssen sich darauf gefaßt machen, sie sehr krank zu finden."

Mary faltete krampfhaft die Hände und ihre Lippen öffneten sich, aber ohne einen Ton hervorzubringen.

„Sie müssen sich zu fassen suchen," fuhr der Arzt fort. „Ich bitte Sie, regen Sie sich nicht allzusehr auf."

„Ich soll mich fassen!" stammelte sie mit Mühe. „Mein Herz erstarrt zu Eis."

„Ich bitte Sie, liebe Schwägerin —" hob Mr. Neville an, aber beim Ton seiner Stimme zuckte sie zusammen wie von einer Natter gestochen und rief:

„Wenn Sie nicht wollen, daß ich den Verstand verliere, so schweigen Sie! Noch habe ich meine tobten und sterbenden Kinder nicht gesehen — wenn dies geschehen ist, dann will ich mit Ihnen sprechen. Jetzt lassen Sie mich gehen, Dr. Lewis," setzte sie hinzu und mit einer Handbewegung, welche jede weitere Entgegnung abschnitt, ging sie an dem Arzt und ihrem Schwager vorüber und trat hinaus in den Hausflur, wo zitternd und mit bleicher Wange die Pflegemutter ihrer Kinder stand.

Als diese ihre Schwägerin erblickte, hätte sie gern die Flucht ergriffen, wenn es möglich gewesen wäre, aber ihre

Furcht, erkannt zu werden, war überflüssig. Mary schien sie mit keinem Blicke zu sehen, schritt ohne ein Wort zu sprechen durch die Halle und ging die Treppe hinauf, während der Arzt ihr folgte.

Als sie den Vorplatz erreicht hatten, eilte Dr. Lewis seiner Begleiterin voran, um die Thür eines Schlafzimmers zu öffnen und nach wenigen Secunden stand die Mutter in dem Gemach des Todes.

Auf einem kleinen Bett, von welchem die Vorhänge hinweggenommen waren, um der Luft möglichst freien Zugang zu gestatten, lag Blanche Neville, aber so furchtbar verändert, daß selbst ihre Mutter sie kaum erkannte.

Ihre Augen, jedes von einem furchtbaren schwarzen Ringe umgeben, waren geschlossen und ihr Athmen mühsam und schwer. Sie schlief nicht, sondern die Erstarrung des Todes schien sich auf sie herabzusenken.

Mary taumelte bei diesem furchtbaren Anblick, faßte sich aber sofort wieder und näherte sich vollends dem Bett.

Dicht vor demselben kniete eine dritte Person, die jetzt das Gesicht emporrichtete, in welchem der Ausdruck von Kummer, Schmerz und Entrüstung zu lesen stand.

Es war Beatrice Neville. Sie erhob sich als Mary hinzutrat, wich einen Schritt vor ihr zurück und rief:

„Hasse mich nicht! hasse mich nicht! Ich bin so wie ich die erste Nachricht erhielt, Tag und Nacht gereist, und Gott weiß, wie gern ich das Leben dieser Kinder mit meinem eigenen erkauft hätte! Seit meiner Ankunft bin ich nicht aus diesem Zimmer gewichen und heute Morgen, heute Morgen —"

Ueberwältigt von der Erinnerung vermochte sie nicht

weiter zu sprechen, sondern wendete sich ab und brach in Thränen aus.

Der Ton der Stimme erregte Blanche's Aufmerksamkeit; sie schlug die Augen auf und erblickte ihre Mutter. Sofort schien Leben und Gesundheit zu ihr zurückgekehrt zu sein, denn mit einer Kraft, deren Niemand sie fähig geglaubt hätte, richtete sie sich im Bett empor, streckte Mary die Arme entgegen und rief:

„Mama! Mama! Mama!"

„Ehe die Worte noch halb gesprochen waren, hielten Mutter und Kind sich fest umschlossen und nach einigen Minuten sagte Blanche, indem sie die Hand ihrer Mutter noch in ihren beiden abgezehrten fast durchsichtigen Händchen fest hielt:

„Nicht wahr, liebe Mama, nun lässest Du mich nicht wieder hier? Ich bitte Dich, thue es nicht."

„Nein, nein, mein Kind! Ich bleibe bei Dir und wenn ich fortgehe, so gehst Du auch mit."

„Ach, Mama, Jessie ist todt! Wir sind sehr unglücklich gewesen. Ach, warum bist Du nicht früher gekommen? Und Papa ist kein schlechter Mensch — nicht wahr nicht? Kann er nicht auch zu uns kommen?" sagte Blanche mühsam, denn das Athmen ward ihr immer noch schwer.

„O ja, mein Kind, er kann auch kommen und wird bald hier sein."

„Ich dachte mir es wohl — ich mußte, daß es nicht wahr wäre — die Tante sagte, er sei ein schlechter Mensch und man habe ihn ins Gefängniß gesperrt und wenn wir uns nicht ruhig verhielten, so würden wir auch eingesperrt."

Beatrice stöhnte, Mary aber bezwang sich und sagte in ruhigem Tone:

„Fürchte nichts, Blanche, mein liebes Kind, man wird Dich nicht einsperren und Papa wird nun bald kommen und Dich besuchen. Er hat kürzlich erst von Deiner Krankheit gehört und Du mußt Dich daher bemühen, recht bald wieder gesund zu werden, damit Du ihn empfangen kannst."

„Ich werde nie wieder gesund werden," sagte die Kleine; „ich weiß, daß ich nie wieder werde gesund werden. Ich bin gar so lange schon krank, aber die Tante sagte, es wäre nur Einbildung, und Du würdest uns nicht besuchen, weil wir nicht ruhig wären, und sie war sehr böse auf uns und schickte uns in die Schule und sagte unserer Lehrerin, wir wären hartnäckige, faule Kinder und könnten unsere Aufgaben recht gut lernen, wenn wir nur sonst wollten. Und dann sagte sie auch, wir wären nicht viel besser als Waisenkinder und undankbar und gottlos und würden einmal in eben so großes Unglück gerathen wie Du und Papa."

„Blanche! Blanche!" rief Beatrice in bittendem Ton, aber die Mutter saß anscheinend ungerührt da, während das Kind seine Leidensgeschichte hervorleuchte. Nur ihre Augen sprachen, aber diese Sprache war eine furchtbare.

„Bist Du da, Beatrice?" rief die kleine Patientin. „Dir bin ich gut. Wenn Du eher gekommen wärest, so wäre es besser für uns gewesen. Warum kamst Du nicht? Ach, wie oft haben wir, die arme Jessie und ich, uns in den Schlaf geweint und uns nach Mama und Dir gesehnt; aber es war vergebens; Ihr kamt nicht. — Ihr hattet uns vergessen."

„Mein Kind! mein theures Kind!" rief Mary, indem sie die Kleine an ihr Herz drückte.

„Mama, warum verließest Du uns? O, warum gingst Du von uns, damit wir so elend werden mußten?"

Mary erhob sich rasch. Sie konnte nicht mehr athmen, das Herz drohete, ihr die Brust zu zersprengen, und Dr. Lewis, welcher den furchtbaren Ausdruck ihres Gesichts sah, kam von dem Fenster, wo er gestanden, um seine Gemüthsbewegung zu verbergen, und sagte in sanftem mitleidigem Tone:

„Blanche, liebes Kind, wenn Du deine Mama liebst, so kränke sie nicht auf diese Weise. Sieh, wie unwohl sie ist. Wenn Du gut bist, so wird sie Dich nicht wieder verlassen, wenn Du aber auf diese Weise zu ihr sprichst, so kann ich ihr nicht erlauben, bei Dir zu bleiben und Dich zu pflegen."

„O sie soll dableiben — ich will nichts sagen, was ich nicht sagen soll — nur laßt sie nicht wieder fortgehen!" stammelte die Kleine und verlor von Aufregung überwältigt die Besinnung. —

Während dieses ganzen langen Tages und der darauf folgenden Nacht wachten Mary und Beatrice an dem Lager des todtkranken Kindes, dessen Fieberphantasien, indem sie das Elend des verflossenen Jahrs enthüllten, ihnen fast die Fähigkeit raubten, die Pflichten ihres schweren Postens zu erfüllen.

Wir wollen nun in so wenig Worten als möglich eine flüchtige Skizze der Umstände mittheilen, welche innerhalb eines Jahres die arme Mary eines ihrer Kleinode beraubt hatte.

Blanche und Jessie waren liebenswürdige und zierliche Kinder, sanft und freundlich in ihrem Benehmen, aber von schwächlicher Gesundheit. Dabei waren sie nicht etwa kränklich oder lästig, sondern bedurften bloß, wie alles Schöne, zärtlicher Fürsorge und Pflege.

Hierin waren sie gerade das Gegentheil von ihren Cousins, welche im Vollgenuß rüstiger Gesundheit gern lärmten, tobten und unbändig waren.

Man kann sich aus diesem Grunde leicht denken, daß die Beschäftigungen und Spiele, welche die einen belustigten, den andern allemal entweder zu still oder zu geräuschvoll waren.

Dieser Unterschied in dem Temperament und den Geschmacksrichtungen der Kinder war schon an und für sich ärgerlich für Mistreß Edward Neville, besonders da die Leute von den schüchternen zurückhaltenden kleinen Fremdlingen allemal weit lieber Notiz nehmen als von ihren lärmenden, ungezogenen Cousins.

Mistreß Neville war daher fortwährend bedacht, den günstigen Eindruck, den ihre Pfleglinge machten, dadurch wieder zu vermindern, daß sie den Leuten in mitleidigem Tone erzählte, es seien die Kinder ihres armen Schwagers Harry und sie habe sie aus purem Erbarmen zu sich genommen, obschon sie von ihrer Mutter so verhätschelt und verzogen wären, daß sie ihr viel Mühe und Noth machten, weil sie fortwährend Dinge verlangten, die sie ihnen nicht gewähren könne. Es sei das freilich sehr schlimm, aber ihr Gatte sei einmal so menschenfreundlich und gut, daß er, so schlecht sich auch sein Bruder gegen ihn benommen und so große Schande er auch der Familie gemacht, sich doch seiner Kinder angenommen habe und sie nun kleide und nähre, gerade als ob ihr Vater, anstatt ein Verschwender und Wüstling ein solider und ehrlicher Mann wäre.

Mit stummer Entrüstung vernahmen die gedemüthigten, schwer beleidigten Kinder diese und ähnliche Aeußerungen und waren eifrig bedacht, sich, wenn Besuch da war, so viel als möglich abseits zu halten.

Ihre Tante spielte aber einmal gern die barmherzige Samariterin und machte mit ihren unglücklichen kleinen Nichten vor der Welt Parade. Fast jeden Tag wurden sie daher den Gästen des Hauses vorgeführt, bis ihr verändertes Aussehen und ihre bleichen Wangen Ausrufungen des Mitleids anstatt der Bewunderung zur Folge hatten.

Ihre kleinen Cousins waren durchaus nicht boshaft oder grausam gegen sie gesinnt und hatten niemals die wirkliche Absicht, sie zu kränken; dennoch aber nahmen sie keine Rücksicht auf die schwächliche Gesundheit der beiden Mädchen und ihre sanfte, dem Geräusch abgeneigte Gemüthsart.

Da sie überdies ihre Mutter von der Schlechtigkeit des Onkels Harry sprechen und die außerordentliche Menschenfreundlichkeit ihres Vaters, der den Töchtern seines Bruders Obdach und Nahrung gäbe, rühmen hörten, so lernten sie allmälig die gefühlvollen friedlichen Kinder als Eindringlinge und als die Zielscheibe ihrer handgreiflichen Späße betrachten.

Beatrice hatte in den häufigen Briefen, worin sie sich nach dem Befinden ihrer Nichten erkundigte, ihrem Bruder wiederholt die Nothwendigkeit einer sorgfältigen Erziehung an's Herz gelegt und zugleich versprochen, die Kosten für den Schulunterricht, sowie für alles Uebrige, sobald sie mündig würde, wieder zu erstatten.

Anfangs wollte Mistreß Neville von einem Schulunterricht nichts wissen, da aber Beatrice darauf bestand, so machte sie endlich eine wohlfeile Unterrichtsanstalt in dem Dorfe, eine volle halbe Stunde von dem Hause entfernt, ausfindig und borthin mußten nun bei nasser wie bei trockener Witterung, bei Hitze wie bei Kälte, die armen schwächlichen Kinder täglich zwei Mal wandern.

Vergebens beklagten sie sich über zu große Anstrengung; vergebens sah ihre Tante, wie sie erst die Eßluft verloren und dann immer bleicher und schwächlicher wurden. Auf alle Klagen hatte sie weiter keine Entgegnung, als daß dies alles weiter nichts sei als Halsstarrigkeit und Trägheit und daß man sie nur noch mehr verwöhnen würde, wenn man ihnen erlauben wollte, zu Hause zu bleiben.

Auf diese Weise ward der Gesundheits- und Gemüthszustand der armen eingeschüchterten kleinen Wesen, welche die ersten Jahre ihres jungen Daseins von zärtlich liebender Eltern behütet, in ununterbrochenem Sonnenscheine verlebt hatten, ein immer beklagenswertherer.

Endlich brach sogar ein ansteckendes Fieber in der Schule aus und Jessie und Blanche befanden sich mit unter den Ersten, welche davon befallen wurden.

Am ersten und zweiten Tage fanden sie bei ihrer Tante, welcher sie ihr Unwohlsein klagten, kein Mitleid, am dritten aber erschrak sie doch ein wenig als sie einen Wagen langsam vorfahren und ihre Nichten — die jüngste im Zustande völliger Bewußtlosigkeit — herausheben sah.

Die Lehrerin, welche mit ihren sanften gedulbigen kleinen Schülern einiges Mitleid fühlte, begleitete sie und drang jetzt in sehr bestimmten Worten darauf, daß Dr. Lewis, der erste Arzt der Umgegend, herbeigeholt werde, und Mistreß Neville war nun mit einem Male so ängstlich, daß sie dieser Aufforderung unverweilt genügte.

Der Arzt kam und erklärte, nachdem er die kleinen Patienten gesehen, sofort:

„Wenn die Eltern dieser Kinder noch leben und sie auf dieser Erde noch einmal zu sehen wünschen, so möge man sie ohne Zeitverlust herbeirufen."

Mr. Neville ward sofort von seinem Comptoir herbei=geholt und obschon er selbst in dieser Sache durchaus nicht frei von Verschuldung war, so machte er seiner Gattin doch über ihre grausame und gefühllose Vernachlässigung der ihr anvertrauten Kinder die heftigsten Vorwürfe.

Keins von beiden wagte die Mutter, deren Vertrauen sie auf rücksichtslose Weise getäuscht, holen zu lassen, wohl aber schrieben sie an Beatrice, welche so eben vom Con=tinent zurückgekehrt war, und forderten sie auf, so schnell als möglich zu ihnen zu kommen, indem sie ihr zugleich den Grund mittheilten, welcher ihre Gegenwart erwünscht machte.

Sobald Beatrice diesen Brief erhielt, machte sich sich auf, nachdem sie blos noch einige kurze Worte an Mary geschrieben und diese aufgefordert hatte, sich ebenfalls ohne Zeitverlust in dem Hause ihres Schwagers einzufinden.

Als sie ankam, fand sie Jessie bereits sterbend. Ihre Reisekleider abwerfend, wartete sie auf keine Unterredung mit ihrer Schwägerin eben so wenig als auf eine Er=klärung des herzzerreißenden Auftrittes, dem sie nun bei=wohnen mußte, sondern nahm sofort ihren Platz an dem Bett des sterbenden Kindes ein, welches sie erst verließ, als Gott seinen Engel hernieder gesendet hatte, um den Leiden der kleinen Dulderin für immer ein Ende zu machen. — — —

Lange zuvor, ehe noch die Hälfte der geschäftigen

Menge wach war, stand Dr. Lewis wieder an Blanche's Bett. Es hatte eine große Veränderung stattgefunden. Die Wuth des Fiebers war vorüber und wie zufrieden mit dem Elend, welches es bereits angerichtet und der schönen Beute, deren es sich schon bemächtigt, schien es mit der armen hülflosen Blanche nur noch schüchtern zu spielen, und der Schlaf, in welchem das Kind seit Tagesanbruch gesunken, war tiefer und ruhiger als irgend einer, dessen es sich während seiner ganzen Krankheit zu erfreuen gehabt.

Nun faßte der Arzt zum ersten Mal wieder Hoffnung. Als Blanche erwachte, genoß sie die Nahrung, welche die zitternden Hände der Mutter ihr reichten, und schlief dann sofort wieder ein.

Gegen Mittag langte Harry Neville an, welchem Mary den Brief, den sie von Beatrice erhalten, zugesendet hatte und die Brüder, die sich seit der Katastrophe, welche den jüngern getroffen, nicht wiedergesehen, standen nun einander gegenüber — der Banquerotteur und der Millionair, der Verrathene und der Verräther.

„Als ich," sagte Harry, nachdem er sein Kind gesehen, in das Zimmer seines Bruders tretend, „als ich im Gefängniß saß und mein Weib hülflos und allein war, bewogst Du sie, ihre Kinder Deiner Obhut anzuvertrauen, indem Du sie, wie grausame Feldherren zuweilen mit der tapfern Besatzung einer sonst uneinnehmbaren Festung zu thun gepflegt, gleichsam aushungertest; zwei glückliche lebensfrohe Wesen wurden demgemäß vor kaum Jahresfrist Deinen Händen überantwortet. Eins davon hat bereits der Tod hinweggerafft und ich brauche Dir nicht zu sagen, wer daran schuld ist. Das Blut des von seinem Bruder erschlagenen Abel schrie nicht lauter zu Gott um Rache als das Deines Schlachtopfers. Stirbt auch mein zweites und letztes Kind, dann soll dieser Ruf nicht ungehört verhallen, sondern so weit die menschliche Sprache reicht, die Geschichte Deines Verraths und Deiner Heuchelei verkündet werden. Bleibt mein Kind am Leben, so will ich, obschon ich Dich nie mehr als meinen Bruder erkennen werde, doch aus Dank gegen Gottes Barmherzigkeit Deiner schonen. Ich will bedenken, daß Du meines Vaters Sohn bist und daß Du einst unschuldig warst. Ich will — obschon Du es vergessen zu haben scheinst — daran denken, daß wir einmal mit einander gespielt, daß dieselbe Mutter uns geboren und dasselbe Obdach uns geschirmt hat. So lange das Schicksal meines Kindes nicht entschieden ist, sehen wir uns daher nicht wieder!"

Einige Stunden nach diesem ersten Wiedersehen der beiden Brüder ersuchte Beatrice den älteren um eine Unterredung, deren Resultat sich sogleich zeigen wird. Dann kehrte sie in das Krankenzimmer zurück und nahm wieder den Platz ein, den sie seit drei Wochen blos dann und wann auf einige Augenblicke verlassen, um auf dem in der Nähe stehenden Sopha ein wenig zu schlummern.

Noch viele Tage lang schwebte Blanche's jugendlicher Geist an dem Rande der unsichtbaren Welt, doch endlich kam der Tag, wo der Arzt sie außer Gefahr erklären konnte, und obschon von der langen Krankheit fast aller Kräfte beraubt, erholte sie sich doch von nun an sichtlich und blickte lächelnd zu ihrem Vater, ihrer Mutter und ihrer Tante Beatrice empor, deren Augen liebend und hoffend auf ihr weilten.

Es war am 11. Juni, am St. Barnabastage, als

Blanche zum ersten Mal das Bett verließ und, von ihren Freunden umringt, auf dem vom milden Sommersonnenschein überflutheten Sopha Platz nahm.

„Ich habe," hob Beatrice in sanftem Tone zu Harry an, „schon längst mit Dir über Deine Aussichten und Pläne für die Zukunft zu sprechen gewünscht. Ein Gefühl, über welches ich mir selbst nicht klar bin, treibt mich dies jetzt zu thun und sagt mir, daß es mir gelingen wird, meinen Wünschen Gehör zu verschaffen."

Sie sah ihren Bruder aufmerksam an, um womöglich in seinem Gesicht zu lesen, welchen Eindruck ihre Worte machten. Es stand jedoch darin nichts geschrieben als Ueberraschung und sie fuhr daher fort:

„In Bezug auf das, was seit den letzten fünfzehn Monaten geschehen ist, will ich keine Entschuldigungen aufstellen, Harry. Mein eigenes Herz sagt mir zu laut, daß dies nicht möglich ist. Was geschehen ist, läßt sich nicht ungeschehen und — wie ich fürchte — niemals wieder gutmachen. Die Zukunft aber, oder wenigstens die Gegenwart, gehört uns und unser Bruder hat mich ermächtigt, zu sagen, daß er bereit ist, jeden Deiner Pläne und Wünsche zu fördern und dafür jedes Opfer zu bringen."

Fast noch ehe sie ausgeredet hatte, sprang Harry von seinem Stuhle empor und ein heftiger Ausruf des Zornes entfuhr seinen Lippen. Beatrice aber erhob sich ebenfalls, legte ihre zitternde Hand auf seinen Arm, schauete ihm ins Gesicht, während das ihrige von Thränen bethaut ward, und sagte in flehendem Tone:

„Barmherzigkeit, Harry, Barmherzigkeit! Hast Du unsere Mutter vergessen? Was würde sie gesagt haben, wenn sie solche Worte von Deinen Lippen, von denen ihres liebsten Kindes, gehört hätte?"

Harry schlug die Augen nieder. Der Name seiner Mutter war ein Zauber, dem er nicht widerstehen konnte. Beatrice sah ihren Vortheil und fuhr fort:

„Habe Mitleid und Erbarmen mit ihnen, Harry, eben so wie Gott mit Dir Mitleid und Erbarmen gehabt hat. Du flehetest zu ihm um das Leben Deines Kindes und er ließ es leben. Das andere" — und sie neigte ihr Haupt auf seine Schulter — „ist im Himmel! Jessie ruhet in Frieden."

Mary schluchzte krampfhaft und vermochte kaum zu athmen, während die Gemüthsbewegung ihres Gatten fast eben so ergreifend war.

„Dringe nicht in mich, Beatrice," sagte er. „Habe auch Du Erbarmen; Warum nennst Du den Namen meines armen ermordeten Kindes — meines Kindes, welches durch meinen eigenen Bruder langsam und gefühllos zu Tode gemartert worden? Glaubst Du, ich hätte es vergessen?"

„Nein, nein! Gott weiß, daß dies für uns alle unmöglich ist, wenn Du aber auch nicht vergessen kannst, so kannst Du doch vergeben."

„Niemals, Beatrice, niemals! Ich will sein Haus in Frieden verlassen. Ich will ihm nicht fluchen, aber ich will den Staub von meinen Füßen schütteln und meinen Bruder nicht eher wieder sehen als bis wir mit einander vor Gott stehen."

„Vergieb uns unsere Schuld, wie wir vergeben unsern Schuldigern," murmelte die sanfte leise Stimme des Kindes.

Harry zuckte zusammen. Die leisen Töne schienen wie

von einem überirdischen Wesen auszugehen und in seinem aufgeregten, überreizten Zustande gewann ein ganz natür= licher Vorfall fast den Anstrich eines Wunders. Er setzte sich nieder und weinte.

„Lieber Harry," fuhr seine Schwester fort, „gieb der Stimme der Unschuld Gehör! Wenn Du an dem großen Tage, von welchem Du sprichst, selbst der Barmherzigkeit bedarfst, so lasse sie jetzt Deinem schuldigen, aber bereuen= den Bruder angedeihen. Wie Du an ihm thust, so wird Gott auch einmal an Dir thun."

Nun erhob sich auch Mary, schlang ihre Arme um den Hals ihres Gatten und rief:

„Vergieb! vergieb! Ich vergebe von ganzem Herzen!"

„Mein Weib! meine Mary!" rief Harry weinend, in= dem er die von Kummer und Nachtwachen abgezehrte Ge= stalt seiner Gattin an seine Brust drückte. „Diese Men= schen wollten Dich Deiner beiden Kinder berauben und Du bittest für sie!"

„Das eine hat Gott gerettet und das andere ist bei ihm," sagte sie mit halb erstickter Stimme. „Laß uns ihn preisen für seine Barmherzigkeit und unsere Rache zum Dankopfer bringen. Er hätte uns beide nehmen können und dennoch hatte er Erbarmen mit uns. Laß uns daher nicht unerbitterlicher sein als unser Herr und Gott, damit er nicht in seinem Zorne sich gegen uns kehre und uns abermals heimsuche."

„Vater vergieb ihnen," murmelte Blanche mit den Worten des Erlösers. Sie wußte kaum recht, wofür sie bat, aber es war etwas, worüber ihre Mutter und ihre geliebte Beatrice weinten und mehr bedurfte ihr sanftes Herz nicht, um sich ihren Bitten anzuschließen.

„Gott stehe mir bei! das ist eine schwere Prüfung!" sagte Harry.

„Um meinetwillen, wenn Du mich liebst —" stammelte Mary.

„Mary, Mary, was soll ich sagen?"

„Daß Du Deinem Bruder von ganzem Herzen vergiebst," entgegnete sie.

„Nun wohl — ich vergebe ihm," antwortete er langsam, „um Deinetwillen, mein theures Weib!"

„Und um Gotteswillen!" flüsterten Mary und Beatrice wie aus einem Munde, während sie den Gatten und Bruder weinend umschlungen hielten.